海上絲綢之路基本文獻叢書

東埔寨以北探路記（一）

〔法〕晃西士加尼 撰
〔清〕佚名 譯

文物出版社

圖書在版編目（CIP）數據

東埔寨以北探路記．一 /（法）晃西士加尼撰 ；（清）佚名譯．-- 北京 ： 文物出版社，2023.3
（海上絲綢之路基本文獻叢書）
ISBN 978-7-5010-7942-1

Ⅰ．①東… Ⅱ．①晃… ②佚… Ⅲ．①游記－東南亞－清代 Ⅳ．① K933.09

中國國家版本館 CIP 數據核字（2023）第 026484 號

海上絲綢之路基本文獻叢書
東埔寨以北探路記（一）

撰　　者：〔法〕晃西士加尼
策　　劃：盛世博閱（北京）文化有限責任公司

封面設計：鞏榮彪
責任編輯：劉永海
責任印製：張　麗

出版發行：文物出版社
社　　址：北京市東城區東直門内北小街 2 號樓
郵　　編：100007
網　　址：http://www.wenwu.com
經　　銷：新華書店
印　　刷：河北賽文印刷有限公司
開　　本：787mm×1092mm　1/16
印　　張：15.75
版　　次：2023 年 3 月第 1 版
印　　次：2023 年 3 月第 1 次印刷
書　　號：ISBN 978-7-5010-7942-1
定　　價：98.00 圓

總緒

海上絲綢之路，一般意義上是指從秦漢至鴉片戰争前中國與世界進行政治、經濟、文化交流的海上通道，主要分爲經由黄海、東海的海路最終抵達日本列島及朝鮮半島的東海航綫和以徐聞、合浦、廣州、泉州爲起點通往東南亞及印度洋地區的南海航綫。

在中國古代文獻中，最早、最詳細記載『海上絲綢之路』航綫的是東漢班固的《漢書·地理志》，詳細記載了西漢黄門譯長率領應募者入海『齎黄金雜繒而往』之事，書中所出現的地理記載與東南亞地區相關，并與實際的地理狀况基本相符。

東漢後，中國進入魏晋南北朝長達三百多年的分裂割據時期，絲路上的交往也走向低谷。這一時期的絲路交往，以法顯的西行最爲著名。法顯作爲從陸路西行到印度，再由海路回國的第一人，根據親身經歷所寫的《佛國記》（又稱《法顯傳》）一書，詳細介紹了古代中亞和印度、巴基斯坦、斯里蘭卡等地的歷史及風土人情，是瞭解和研究海陸絲綢之路的珍貴歷史資料。

隨着隋唐的統一，中國經濟重心的南移，中國與西方交通以海路爲主，海上絲綢之路進入大發展時期。廣州成爲唐朝最大的海外貿易中心，朝廷設立市舶司，專門管理海外貿易。唐代著名的地理學家賈耽（七三〇～八〇五年）的《皇華四達記》記載了從廣州通往阿拉伯地區的海上交通『廣州通海夷道』，詳述了從廣州港出發，經越南、馬來半島、蘇門答臘島至印度、錫蘭，直至波斯灣沿岸各國的航綫及沿途地區的方位、名稱、島礁、山川、民俗等。譯經大師義净西行求法，將沿途見聞寫成著作《大唐西域求法高僧傳》，詳細記載了海上絲綢之路的發展變化，是我們瞭解絲綢之路不可多得的第一手資料。

宋代的造船技術和航海技術顯著提高，指南針廣泛應用於航海，中國商船的遠航能力大大提升。北宋徐兢的《宣和奉使高麗圖經》詳細記述了船舶製造、海洋地理和往來航綫，是研究宋代海外交通史、中朝友好關係史、中朝經濟文化交流史的重要文獻。南宋趙汝适《諸蕃志》記載，南海有五十三個國家和地區與南宋通商貿易，形成了通往日本、高麗、東南亞、印度、波斯、阿拉伯等地的『海上絲綢之路』。宋代爲了加强商貿往來，於北宋神宗元豐三年（一〇八〇年）頒布了中國歷史上第一部海洋貿易管理條例《廣州市舶條法》，并稱爲宋代貿易管理的制度範本。

元朝在經濟上採用重商主義政策，鼓勵海外貿易，中國與世界的聯繫與交往非常頻繁，其中馬可・波羅、伊本・白圖泰等旅行家來到中國，留下了大量的旅行記，記録元代海上絲綢之路的盛况。元代的汪大淵兩次出海，撰寫出《島夷志略》一書，記録了二百多個國名和地名，其中不少首次見於中國著録，涉及的地理範圍東至菲律賓群島，西至非洲。這些都反映了元朝時中西經濟文化交流的豐富内容。

明、清政府先後多次實施海禁政策，海上絲綢之路的貿易逐漸衰落。但是從明永樂三年至明宣德八年的二十八年裏，鄭和率船隊七下西洋，先後到達的國家多達三十多個，在進行經貿交流的同時，也極大地促進了中外文化的交流，這些都詳見於《西洋蕃國志》《星槎勝覽》《瀛涯勝覽》等典籍中。

關於海上絲綢之路的文獻記述，除上述官員、學者、求法或傳教高僧以及旅行者的著作外，自《漢書》之後，歷代正史大都列有《地理志》《四夷傳》《西域傳》《外國傳》《蠻夷傳》《屬國傳》等篇章，加上唐宋以來衆多的典制類文獻、地方史志文獻，集中反映了歷代王朝對於周邊部族、政權以及西方世界的認識，都是關於海上絲綢之路的原始史料性文獻。

海上絲綢之路概念的形成，經歷了一個演變的過程。十九世紀七十年代德國地理學家費迪南·馮·李希霍芬（Ferdinad Von Richthofen，一八三三～一九〇五），在其《中國：親身旅行和研究成果》第三卷中首次把輸出中國絲綢的東西陸路稱爲『絲綢之路』。有『歐洲漢學泰斗』之稱的法國漢學家沙畹（Édouard Chavannes，一八六五～一九一八），在其一九〇三年著作的《西突厥史料》中提出『絲路有海陸兩道』，蘊涵了海上絲綢之路最初提法。迄今發現最早正式提出『海上絲綢之路』一詞的是日本考古學家三杉隆敏，他在一九六七年出版《中國瓷器之旅：探索海上的絲綢之路》中首次使用『海上絲綢之路』一詞；一九七九年三杉隆敏又出版了《海上絲綢之路》一書，其立意和出發點局限在東西方之間的陶瓷貿易與交流史。

二十世紀八十年代以來，在海外交通史研究中，『海上絲綢之路』一詞逐漸成爲中外學術界廣泛接受的概念。根據姚楠等人研究，饒宗頤先生是中國學者中最早提出『海上絲綢之路』的人，他的《海道之絲路與昆侖舶》正式提出『海上絲路』的稱謂。選堂先生評價海上絲綢之路是外交、貿易和文化交流作用的通道。此後，學者馮蔚然在一九七八年編寫的《航運史話》中，也使用了『海上絲綢之路』一詞，此書更多地限於航海活動領域的考察。一九八〇年北京大學陳炎教授提出『海上絲綢之路』研究，并於一九八一年發表《略論海上絲綢之路》一文。他對海上絲綢之路的理解超越以往，且帶有濃厚的愛國主義思想。陳炎教授之後，從事研究海上絲綢之路的學者越來越多，尤其沿海港口城市向聯合國申請海上絲綢之路非物質文化遺産活動，將海上絲綢之路研究推向新高潮。另外，國家把建設『絲綢之路經濟帶』和『二十一世紀海上絲綢之路』作爲對外發展方針，將這一學術課題提升爲國家願景的高度，使海上絲綢之路形成超越學術進入政經層面的熱潮。

與海上絲綢之路學的萬千氣象相對應，海上絲綢之路文獻的整理工作仍顯滯後，遠遠跟不上突飛猛進的研究進展。二〇一八年厦門大學、中山大學等單位聯合發起『海上絲綢之路文獻集成』專案，尚在醖釀當中。我們不揣淺陋，深入調查，廣泛搜集，將有關海上絲綢之路的原始史料文獻和研究文獻，分爲風俗物産、雜史筆記、海防海事、典章檔案等六個類别，彙編成《海上絲綢之路歷史文化叢書》，於二〇二〇年影印出版。此輯面市以來，深受各大圖書館及相關研究者好評。爲讓更多的讀者親近古籍文獻，我們遴選出前編中的菁華，彙編成《海上絲綢之路基本文獻叢書》，以單行本影印出版，以饗讀者，以期爲讀者展現出一幅幅中外經濟文化交流的精美畫卷，爲海上絲綢之路的研究提供歷史借鑒，爲『二十一世紀海上絲綢之路』倡議構想的實踐做好歷史的詮釋和注脚，從而達到『以史爲鑒』『古爲今用』的目的。

凡例

一、本編注重史料的珍稀性，從《海上絲綢之路歷史文化叢書》中遴選出菁華，擬出版數百册單行本。

二、本編所選之文獻，其編纂的年代下限至一九四九年。

三、本編排序無嚴格定式，所選之文獻篇幅以二百餘頁爲宜，以便讀者閱讀使用。

四、本編所選文獻，每種前皆注明版本、著者。

五、本編文獻皆爲影印，原始文本掃描之後經過修復處理，仍存原式，少數文獻由於原始底本欠佳，略有模糊之處，不影響閱讀使用。

六、本編原始底本非一時一地之出版物，原書裝幀、開本多有不同，本書彙編之後，統一爲十六開右翻本。

目録

柬埔寨以北探路記（一）

東埔寨以北探路記（一）

序至卷三

〔法〕晃西士加尼　撰　〔清〕佚名　譯

清光緒十年鉛印本

序

光緒辛巳秋仲薄游潮郡寓揭陽棃園中圖史紛羅宋槧尤富此皆豐順丁撫部移居後所藏也坐臥百城之中案其目以索之一覽便止不能讀也欲丐園主人鈔數十種相餉庶光敝簏撫部許焉又出示目錄外之書中有近日翻譯西人所著厥有兩種爲今日士夫不可不讀一曰礮臺圖說若干卷一卽此書也此書作於同治中乃法人侵踞越南海

今粤人趁安南著名之曰金邊金即甘之對音邊即埔之轉聲治則尾聲也

壖之後復遣船主特拉格來探測西路險易此地名柬埔治顧氏利病書所謂甘孛智者也瀛環志畧稱柬埔寨東柬爲傳寫之誤矣其地在越南之西暹羅之東曩者介兩大之間甚被侵削既而越暹卒有邊患蕞爾小國巋然尚存其境有湄南江北通西藏既逕暹柬之界遂入越南漢之九眞郡唐之水眞臘明之占城今越南嘉定等省皆此地也漢書有麊泠縣此湄南或即麊泠之音轉源流長

遠爲南服繁富之區此書爲法人刋刻舊用洋文自撫部命人譯成華文於是釐然可曉曩歲曾請撫部刊刻以遺知好而撫部殂謝遂乖夙願去歲公子惠衡始鈔一部獻之制府宮保近在廣州都會傳寫尤便因復從乞借并日寫得擬集同志排字印之俾共觀覽庶使衞青陳湯之流稍助弢略其諸計三長而規五餌者將無嚮壁之論焉光緒十年六月鈔校稍訖此書舊無名目撫部所藏亦有

書無錄今名曰柬埔治以北探路記云書爲
法國晃西士加尼所撰其稱爲特拉格來似
非其實今徑題晃名云泰華樓居士漫題於
五千卷室

柬埔治以北探路記卷一

目錄

怒江即潞江出前藏拉薩北巡雲南又逕南掌暹羅至緬甸入海　雅魯藏布江緬甸人稱爲伊拉瓦底江源出藏之西界卓書特部落入緬甸巡阿瓦城至緬甸跋散入海　瀾滄江出青海入雲南出徼外入南掌國湄江即緬甸之麻里江亦名湄來江湄來即麻里之對音　近日黃楙材親至西藏測探所云檳榔江即一

東埔寨以北探路記

法國晃西士加尼撰

遠印度風景史蹟政務總叙

西藏高原在亞細亞中間佔一絕大地面、北西南三境高山環抱聯絡不絕、山勢向東漸低、江水發源在東南境尤多、此去六十法里、（每約中國三里三）有五大江、曰怒江曰伊拉烏抵江曰瀾滄江、曰湄江、曰揚子江、有處爲戲馬來雅山間阻、江水從低山旁流、其高山一路袤延、廣東之西江、東京之浩低江暹羅之湄南江皆出之此三江之大、雖與歐洲之大江相埒、猶不統志之蔣藏布河發源薄宗城南二里二源同發名鴨龍河又稱鴉隆布河經野番地入雲南騰越廳逕干崖宣撫司與大盈江會又受薔達河戶米河紅蚌河入緬甸逕蠻慕至新街合於大金沙江楊子江者江蘇人稱大江之名西人初到上海隨俗稱之因以金沙江及岷江兩源皆命曰楊子江並不知江水非至江南無此名目也

足與以上五江相比、因五江之源、尚未窮探其細、大約胥發自高原之間、其江源初發、平列偎流、厥後愈分愈遠、揚子江、西名藍江、綿亘中國、爲一大經流、逶迤屈曲而東而北、近上海出口、怒江向西而南、至孟加拉近處、通于剛治河、按中國印度兩處、在全球中首先開闢、不僅爲亞細亞最古之國、得此二江通流貫注其間、水土饒瘠、民生難易、風俗亦因之而異焉、兩江之南夾送一股地脉、卽俗所傳遠印度也。此股地錯出海中、參差凹凸、向赤道綿亘、長狹如隄、隔開中國海與孟加拉灣、爲亞細亞洲東南盡處、並爲伊拉烏抵江瀾滄江

剛治河即安治士河在印度蓋即古天竺佛國之恒河者也

湄南江湄江及東京之江所灌之一大半島也、昔時遊歷之人、所述遠印度事蹟、其論不一、此方常搆兵端、雜被文教、氣候不齊、盛衰時異、因此民種錯居、沿革無常、山川名目、隨時變更、故政治綱領、難述其要、歐洲人涉亞細亞境、識印度最遲、蓋自亞來珊得徇越印度斯河、退至剛治河後、其所知之地、即以此河爲界、自中國而論、秦漢之際、威力所及、曾拓至輿蘇斯與雅格薩爾德河濱、乃從戲馬來雅山北、開鑿一大河通天國、西人稱中國與歐洲各地、由此交涉漸北、遠印度地亦未窮知、華人既鑿此河、因有一種遊民時起衅端與中國人

中國漢武帝元朔六年

漢明帝永平四年

爲難、是以華人擬別開一路交通歐洲、降生前一百二十二年、張騫奉使巡閱遠越奧蘇斯河、漢武帝又遣兵擬往印度靑都、途次滇中、爲滇王阻留、軍稽羌境、卽中國西境藏地也、是以西拓之志、卒未克遂、厥後二百年、華人循遠印度北境、與印度往來漸熟、中印交涉、因此日見浸興、降生後六十一年間、佛教遂廣行中國、以及遠印度半島、沿印度河濱之戴克西拉、至剛治河邊之巴力波特拉、久爲衝要之道、通中國與小亞細亞、亦通天山北路、此北路常被兵端、有時阻塞、從此經勞泊湖高打喀什噶爾巴格特里昂等處、爲中國與西

巴格達里昂似卽西域聞見記之巴克達山

漢桓帝延熹九年

云安棠尼似指後漢書之大秦國王安敦也

二百二十七年乃蜀漢後主之建興五年

方交接之各北省、中國史云是時大秦居民常與鄯南徐南交趾各國貿易、卽遠印度之上境也、又云印度國王曾遣使入貢大秦路出徐南界外、一百六十六年間、秦帝安棠尼使臣似亦道經此地、二百二十七年間、有羅馬人名倫者至交趾東京由此路入朝于吳王、（在中國南土疑卽孫權）此時始論沿海強國、如鄯南印度是也、戲馬來雅山北路在羅馬衰時、往來猶便、而遠印度北境屢搆兵端、路常阻絕、自有絲產、羅人始結隊貿易、遠抵黃河邊而止、其路經雅格薩爾德谷最爲便捷、令改名西爾臺里亞、當君士但丁時、貿易甚旺、不度洲地之

漢宣帝本始二年

漢光武建武二十六年至明帝永平三年

外、尚有海道可通中西兩地、且未計及昔時羅馬航海人曾繞遠印度海濱也、降生前七十二年間、印度與埃及、始通海道、然船隻往來、猶近傍亞剌伯海濱、及波斯灣邊、謹怯而行、降生後五六十年間、在伊伯羅斯之後、始趁貿易風、直經烏曼灣達紅海、抵印度河口、然此帶往來水道、原不過爲埃及與亞細亞交往貿易起見、雖涉印度海濱、亦惟剛倍灣而止、其航海貿易之法、中國與印度亦然、印度之錫蘭與告大壬里河口、早爲貿易聚處、中國海船、自有羅盤、並知貿易風可遑、即於中國海內及印度海濱、常時行駛、此兩處大約相通

東晉安帝隆安四年
齊明帝永元二年
法音當即法顯非唐房融也
隋文帝開皇二十年
唐太宗貞觀十一年

最早、然其船隻得到歐勿拉脫河口、（即恒河）又後多時矣、由亞細亞洲地至中國、並由海道通印度貿易之業于、降生後四百年之末、羅馬既衰、波斯及愛低亞比繼之、五百年間、據麥蘇云、中國海船漸集波斯灣、華人之慕佛者、從陸路往印度北境朝佛、其中法音（疑即房融轉音）最爲著名、係繞旱道至靑都、後浮海歷剛治河、抵錫蘭瓜窪、而進山東海口還國、降生六百年間、高斯羅含斯攻拔錫蘭波斯與洲地東盡處海道貿易雖旺、而未臻極盛、迨阿剌伯管轄之後、七百年方得大振、自六百三十七年間、亞剌伯人播居印度西濱、六百九十六至

武后萬歲登封元年至元宗開元二年

馬哈末即穆罕默德

唐太宗貞觀十七年

七百十四年之間有名蟹脚底與其表親馬哈末增開亞細亞中境兩盡處互市于此其時回部商民聚居錫蘭而中國及奧馬爾所建巴棱拉西拉鄗兩新城間航海遂興亦無碍於陸市其陸市有與弗替交通中國陝西省以及低格里斯河濵並道經高剌桑與奧蘇斯谷此谷現名地昂六百四十三年間鄗林國（即下國）遣使唐朝大抵亦道經此路或由更北之路即裏海之北基爾基址之地嗣後始能搜東方書籍攷遠印度地理史蹟但其論亞細亞洲此一股不甚明簡語亦不足以致東方紀事艮史所載亞剌伯及波斯國志湮漏遠

唐德宗貞元十六年

唐肅宗乾元元年

印度事蹟居多、每閱此種專書、載事甚略、而徧考各譯本中、極言遠印度緊要、未免歧異、蓋因史家記事、偏重印度中邦都城邑、而失詳遠印度所佔之地及開拓之海濱也、前後所論地理及亞剌伯人遊覽事蹟、今姑不贅、第就所述而考、可見於八百年間、西方航海人曾遊該半島之麻六甲及安南東京諸濱、于七百五十八年間、亞剌伯及波斯人曾集中國衝要海口曰澉浦、其衆甚多、頗能爲亂、麻六甲與半島盡頭之海口、爲中國及亞剌伯船幫聚處、同時洲地陸道可通者甚多、內有數條由遠印度之北境及埃桑之地、貫通亞中兩

唐昭宗光化三年

宋哲宗元符三年

元順帝至正二年至至正九年

國、九百末年間澉浦及中國全境、叛亂紛起、唐朝遂衰、貿易銷歇、商埠移於南方、在桑特富饒之島、及遠印度之各大江口、于一千一百年間、芒毋特開拓囘部、直抵剛治河、創立代利國、是時中國帝王、虔信佛教、與印度各王親好往來、因之伊朋拔多打于一千三百四十二年至四十九年間、得以游歷各方、略得遠印度情形、伊朋之前約五六十年、先有厤爾格色老係阜你斯人、曾經該半島之北境、探游雲南一股、緬甸一股、及鄰邦一股、所述游歷筆記、雖有疵議、寔有功於遠印度史書、其人亦曾到該半島西濱、窺覽苨巴國、其時疑有

明孝宗宏治十三年
明神宗萬歷二十八年
明太宗永樂十七年至英宗正統九年
阿拉羌即阿拉干與阿瓦皆緬甸古時分爲三

歐商遊行孟加拉灣濱、跨剛治河十字戰後、（譯音克虜薩特戰爲爭教事）往居下國之希臘人潛奴瓦人阜厄斯人羣赴東方習語言、服色、風氣、教治等、並同波斯人馬爾（即黑人一種）作伴、將歐洲土產早爲東方人所貴重之鉄器、紅花、珊瑚以易東產香料、綢緞、寶石、閱一千五百年間、阜你斯人尼高拉地剛低一千六百年之初、鮑老納人祿道肥格所記商務甚爲明白、尼高自一千四百十九至一千四百四十四年、先後歷二十五年之久、曾到阿拉羌與阿瓦國觀看形勢、專述此國都邑國名、始見其游歷之遠、似亦到羌巴海濱、祿道自一千五百二年至

國之二也

明孝宗宏治十五年至宏治十八年

明孝宗宏治十年

宏治十八年

明武宗正德二年

一千五百五年、往探亞細亞南境、從波斯灣至麻六甲半島及桑特各島地面、游覽東印度之人、向推葡萄牙爲首、而不知此二歐商尤在其前。且自探得海道後、該二人所經之路、又有意大利商接踵往游者頗多、一千四百九十七年、乏斯孤特茄麻首抵印度西濱、人所共曉、至一千五百五年、葡人拓地既廣、勢不得不設總督主治、而亞剌伯人早有斯地貿易已久、不戰而遽讓葡人、似難甘心、因此竭力堵禦、歐人留印度者數年、而葡人既探斯地、方欣振作、亦勇進不退、一千五百八年四月初五日、細該以拉奉麥耐爾王旨、統巨舟四

正德六年

聲討、行至告阿、爲駐印督阿爾部改葛所阻、志在專功、自統戰艦十九號、于一千五百十一年五月、揚帆直指、七月初一日碇于峽口、進圍邑城、時該督始于軍中交好暹羅、克麻六甲、後旋築炮臺一座、以衛勝業、旣解兵權、交羅伊孛里力接管、並遣米堂郎告哀老覲見暹王、蓋暹方強盛、固新好也、同時牛古瓜窪蘇門答臘各王俱遣使來賀、從此葡人與遠印度各國、交涉日盛、其勢漸興、

正德十二年

一千五百十七年、米堂郎偕薩爾堂那重至暹羅、

正德十三年

次年麻六甲新任總督邁乃瑟斯遣告哀勞赴阿佐坻阿都城駐紮一年、適年十一月、兼統暹羅兵船

艦、自里斯本揚帆過剛治河口、纔集麻六甲其邑素稱富庶、據當時記事人云、實爲東方大都會、初細該以拉到馬達加斯加徇安南而止、與駐印葡督大爾邁大密商後、復到蘇門答臘島之東北盡頭褒抵爾處上岸、厥後進麻六甲峽、于一

正德四年

千五百九年三月、卒抵其邑、歐人所立商埠日漸振興、此處居民與寄居印度之亞剌伯人、畏而忌之、因請命于麻六甲王議施迸逐、遂肆殘暴、窘辱歐人於麻拉伯海濱、事載史志、細該以拉宛轉籌謀、始免計害、急離此地、所遺部人俱被囚

正德五年

殺、次年三月十二日、乏之斯岡雖老統四船由葡都解纜前往

正德十一年

正德十六年

明世宗嘉靖十七年

兩號、蓋防相鄰之朋堂王設計與葡人搆戰也、一千五百十六年、先有恩里特來姆在牛古進麻爾堆拼、同時有奧陀阿爾特游探於半島、紀述各國事宜迨至一千五百二十一年間、同才名出衆之麻瑞拉被殺于帥賠島、當時該地各王互相爭戰、葡人貪其厚利、將歐洲精械戰技、反覆帮助、故四處多有葡人雜居、如代酸格薩斯寄居暹羅二十五年之久、央刀尼告來寄居牛古多載、代毛拉愛斯偕鄰人五十同役于暹王、一千五百三十八年、暹羅與孛拉麻王水戰相持甚久、代毛助暹守地而死于此、時葡人在遠印度舒展游覽已久、

嘉靖十九年

孟代芝賓到紀其事以垂後人、一千五百四十年、賓到受代反里牙之節制游歷波勞剛陶爾羣島、至羌巴及安南諸濱、駐于瓊洲島、搜遠印度諸方地理政蹟諸志、居中國甚久至

嘉靖二十三年

一千五百四十四年、適索拉麻王有事于麻爾堆排、賓到遂偕鄉人歸助王、未久克麻爾城、旋奉使覲見加拉米那王、深入該方內地、時與妹阿瓦牛古暹羅各國、交接甚旺、記事者各憑臆度、厖雜無倫、語難攷訂、然其中亦有可採以資見聞者、當時葡人在半島周旋各國戰務、得利者有代美而老于

嘉靖二十五年

一千五百四十六年得總理牛古之權、與代腦拉納代蘇若

嘉靖二十七年
嘉靖四年至八年
嘉靖四十四年
神宗萬曆九年

阿其阿爾同事于索拉麻王、復有貝來以拉、弗顧鄉誼、獨助暹王、時一千五百四十八年、暹都困危、賴貝力、竟能保守未失、此時遊人既多、事蹟亦繁、歐人與遠印度各國錯雜互居、有數萬葡人、未免浸與土人婚嫁、而少有記事人與悉心探訪之人、故遠印度地理風氣、史蹟民情、俱不甚詳、於余無甚裨益、于一千五百二十五年至二十九年之間、有法人巴爾芒低愛氏弟兄二人、游歷桑特各島及中國、計二次、似未至上所論亞細亞一股海濱之地、一千五百六十五年、西班牙人據飛立賓各島（即小呂宋）未幾漸布遠印度各處、一千五百八暹羅者唐朝之眞臘二字對音也柬埔治或作甘孛智或作甘破蔗唐時陸眞臘之故地也其南爲水眞臘故地乾隆以後幷有越南今法人稱曰西貢者是也

萬厯二十四年

十一年、西班牙國傳教人始入安南暹羅柬埔治、初葡萄牙教士名代克魯智者、曾于一千五百六十年（嘉靖三十九）、從麻六甲進柬埔治國、駐居未久、數年後、西人細邁乃智有寵于柬王阿普冷加拉、時柬埔治國叛黨勢燄方張、王招西班牙人協攻之、而已寵之細邁乃智不洽、他往、柬王阿普冷加拉反被西人之逼、奔南掌、一千五百九十六年、兩西班牙人魯伊智半勞騷上安南海濱、窮追及王、歐人深入南掌自此始。兩人既遂其志、久住該方、各娶土女爲妻、厥後魯伊智被羈羌巴降身爲奴、是役也、呂宋守將代拉馬淩那教士加淩那枲皆得戰

明穆宗隆慶四年

半古卽不果卽緬甸之秘古皆對音

神宗萬歷二十四年

阿瓦今緬甸都城

功甚有勢力、里巴代乃拉代爾勾述此戰務、遺有事略可攷、按此著書二人、爲首述盎高爾舊蹟、（在東埔治國有大廟）于一千五百七十年間、探得東埔治內地云、要知當時游歷者所述地理、均未盡確、卽據代爾勾記中所云東埔治半古臘剛（卽阿拉甲）各國、皆有剛治河支流灌溉、其謬可概見也、荷蘭人于一千五百九十六年、始至遠印度海濱、英人亦集該濱、未久卽揷入該半島交涉事中、嗣後歐洲各旗在島紛爭權利、自相殘害、勢遂寖衰、葡人更施橫暴、刦掠海濱、以故土民莫不憾之、先阿拉梗王曾讓希里阿地于葡、至是阿瓦王復奪之、殺代孛

萬歷四十一年
萬歷三十四年
萬歷三十八年
萬歷十七年
明熹宗天啟四年
明莊烈帝崇禎十年
崇禎十四年

里刀係一千六百十三年是也、同時暹羅柬埔治羌已安南、凡有歐商行棧處、亦驟起民亂、攻殺葡荷人、于一千六百十三年、駐印荷督孛羅阿亞抵阿佐抵阿城、該處于一千六百六年、荷蘭人造有住房、一千六百十年、英人米特爾登初設英國銀號一所、一千六百十九年、英荷巨商被殺于安南境內、一千六百二十四年、暹王勒葡人代西爾乏交還荷人槃船、先葡人刦之于朋高格河濱者也、當橫氏孟治世、荷人哈興格有寵於東京朝廷、東京者安南人自稱其河內地也一千六百三十七年、與該處始立通商條約、其時荷蘭商會、亦有設埠于柬埔治者、一千六百四

崇禎十六年

明崇禎十六年至國朝世祖章皇帝順治四年

十一年、該商會佔居麻六甲、是年使臣胡斯叨夫駛入柬埔治河、即湄江直抵南掌都文、相此人所述地理、未必較詳于暹人、一千六百四十三年、柬因葡人之譖、荷使里齊毛特及同寓荷人俱被殺、自此荷與柬埔治國交涉之事遂絶、駐東京安南之荷人、尋亦被逐、自胡斯叨夫之後、尋有教士雷利亞由柬埔治入南掌、自一千六百四十三至四十七年、先後卜居凡四載、有麥爾低尼者、從其所撰中國新地圖說本中、搜得事蹟、並有麥利尼者、從其致日本信中、攷得該處情形、然以地理而論、尚多參錯、以致互相訛傳、至今各輿地說本中、

崇禎十一年

國朝順治十八年

聖祖仁皇帝康熙二十三年

有湄南江（即暹羅洲）與柬埔治河、流至南掌會成一江之說、當其時、有駐東京之天主教士、進游半島內地、冀探情形、以便行教、卒未如願、一千六百三十八年、有名厖乃利者、卒于東京南掌兩界山中、亦未償游歷初志、波里道辣氏斯氏薩尼論半島東邊、東京安南羌巴各國、及曼代立斯勞與法國各教士、于一千六百六十一年、傳教暹羅往來所記事蹟、最爲可證、據云、于一千七百末年間、惟暹羅一國、尚與歐洲交通、然心厭荷人貪吞、一千六百八十四年、暹王用首相巴爾岡之計、遣使賚在印之法商會、共來交涉、冀藉法力、整頓通商政

康熙三十四年
阿瓦宮者緬甸王所居者也仁宗睿皇帝嘉慶六年
康熙五十三年至五十七年

務、以利暹法兩國、法應之于次年、遣男爵肖芒統水師來埠開商、此事卒未得利、臘羅牌爾因之始能入暹廣搜民情地理風氣教化有用各書、一千六百九十五年、英人抱苑謀於安南重開商務、駐印英商會遣使勿里兎至阿瓦宮議之、因而唐邊庚否好迷登等、得以游歷各地、而撰其所述、一千八百初年間、英勢漸強于印度、耶蘇教士之在中國辦事者、重整歐洲與遠印度交涉事宜、一千七百十四至十八年、麗蘇佛里特烈雷基斯摩繪雲南省圖、並搜索鄰境實情、一千七百五十三年、英遣船主陪革至牛古及阿瓦摩繪伊拉烏低

高宗純皇帝乾隆十四年
乾隆十五年
乾隆四十三年
乾隆五年至二十年
乾隆五十二年
乾隆五十六年至六十年
乾隆六十年

一帶輿圖、一千七百四十九年、法發到董事巴勿爾、一千七百五十年、英稽爾稍一千七百七十八年、英揩潑鑾先後至安南朝廷、復議抱苑所謀之事、奧斯麻加教士高勿來自一千七百四十年至五十五年間、住安南者十五載之久、詳搜近該國之南掌各種民情、一千七百八十七年、船主勞斯立初遞柬埔治河口、及安南諸濱之水道形勢、未竟、一千七百九十一年至九十五年間、當差謝郎國之法弁名大堯者繼之、一千七百九十五年、副將西麥斯奉使阿瓦隨員中適有好迷登者、精通地理、即醫士滿占能為深究緬甸史記政務民情地

嘉慶五年

嘉慶十二年

帥剛今西貢之對音

宣宗成皇帝道光六年

道光九年至十九年

道光十七年

理之首員、瓊巴羅羅磊落審法爾游歷安南、其所辦之事、亦在此時也、一千八百年間、講述探訪事宜漸多、未便悉贅、一千八百七年、千總勞斯重繪安南水道圖、英法兩水師繪竣該半島之各海濱圖、印度商會派克勞甫往探阿瓦彭高格帥剛以及于愛各地、而刋刻所得政蹟地理之書、實爲善本、副將鮑爾乃專究一千八百二十六年、從阿瓦所得緬甸時史、醫士里創而生游歷于湄南江之上流、一千八百二十九年至三十九年間、新滿拉龐二地情形、大略能悉、一千八百三十七年分、新滿一地、經千總麻格來奧考訂確實、並探至

道光三年至十七年

道光十八年

嘉慶二十二年

道光二年四年

道光十一年及二十三年

嘉慶二十四年

道光十二至十四年

文宗顯皇帝咸豐六年

江烘其地沿東埔治河不僅如前之但知其河口也一千八百二十三年至三十七年間阿桑之谷伊拉烏低瀾滄各流皆爲蒲爾吞納維而裴勒夫衛爾高格斯皮定非爾特孟特麻拉西赫乃識究其中之船主邦陪而登于一千八百三十八年分司理刋刻論緬甸及孟加拉東北邊境精準圖說一千八百一十七年該爾加里島人二十二年豆庚陪爾二十四年蒲庚肥爾三十一年羅伯拉斯四十三年勒剛脫皆法國人一千八百十九年灰脫三十二年至三十四年間羅賠爾之皆美國人往探半島中多處歸述應攷各事宜五十六

咸豐十一年

年、船主游爾奉派至阿瓦著論緬甸可重之書、游係博學兵官、故此書將該土古今事宜接貫甚妙、當此時、在暹羅安南之天主耶蘇各教士亦認眞搜考史紀地志、并攷該半島各方語言、如勒皮殺先打陪爾古司拉夫打沒倫阿皮爾巴爾古夾蒲尤華麥桑皆是也、其中惜勒皮殺先所著之書、貪求該博、每多臆度、同時阿陪爾合拉迷藏葛拉溌勞保低愛署令皆通達華文、能從中國所有不一之地理圖說中、考尋遠印度之史蹟地理要略、一千八百六十一年、英遣法游歷人麻好從彭高格深入遠印度之腹裏、此中雖苦費搜探、猶未

穆宗毅皇帝同治二年

確實、仍爲亞細亞洲中最不詳之地、其探訪柬埔治河、于巴格拉衣一帶、沿上流至郎撥拉彭、卽暹羅屬下小邦中之一都城也。又至該河之峽、竟於是年十二月初十日積勞身故、其所遺紀載、彙至彭高格城刊刻頒行、當麻好探時、測具未備、故所述地理、不無疑義、迷好之前二年、法國水師堵塞柬埔治河口、圍困帥剛、欲建新藩部、一千八百六十三年、師漸進時、柬埔治國先因于愛暹羅二朝爭奪、屢經兵燹、積衰二百餘年、至是歸法宇下、爲所庇護、此方一千六百四十三年之前、歐人從未識其路、時方認眞熟探、故柬埔治河不勝數之支流貫繞該境者、法二部各官麻能肥大倫海勞苦心創訪、並分支西探、得甫識之大湖、其湖天生異流、與柬埔治之支河相通、一年中、半年經由柬埔治河達海、餘半年自成一種內海、柬河之水反灌入湖、所惜者、該河水道、止用小炮船探察、致有阻礙、一千八百六十六年、沿尋巨流、祇抵克拉低而止、其地距河口約四百五十記牢邁特、每中國一里八分是以藩部界外、法人全無確耗、此無限大河、究從何處而來、抑從西藏、或如柬埔治國中傳述、從南掌內地深湖而來、然灌溉何方、流逝何處、均未可知、印度英屬及中國與印度往來之商賈久思探其源流究何曾窮知其脈彼住居半島西方之英人旣不憚煩留心探訪則我法人于遠印度中境更覺痛闕學問堪布教化得不將該處障蔽揭去以洞窺其隱乎英人復刻自振作與法爭勝故又于一千八百六十四年至六十五年間謀由緬甸北境探訪進中國一帶之路麻好之後又有根尼低吉昂兩英人與日耳曼醫士巴斯低往探柬埔治內地並勘察久棄之盎高爾我法人亦欲推求此中學問門徑而豆冷郎低二法人于一千八百六十六年分往究盎高爾之遺蹟二等兵船主特拉格來先於一千八百六十三年

同治三年至四年

同治五年

同治二年

分、統領法水師于東埔治時、已曾摩繪其圖、窺奉派探訪各員、弁俱有成熟之志、故新藩部四圍未識諸方、均能探明、水師部尚書兼辦巴黎都城輿圖局謝師羅勞伯謂法國須派員前往遠印度考察該處事宜並宣教化、一千八百六十四年十二月十六日、六十五年四月二十九日、在局兩次宣講探訪東埔治河之關係、利益重大。駐安南藩部總督特拉格郎提愛奉謝尚書之命、簡派探訪人員以副其願、一千八百六十五年、命熟悉該地情形之二等兵船主特拉格來總理其事、自此特拉格來廣採博搜、撰成此書及圖、

成熟似係作坐享其成之意猶刈稻者之望秋收也

同治三年及四年

同治四年

案特拉格來中道感癘而死此書實成於晃西士加尼之手其云特拉格來者成其志也

天下郡國利病書云眞臘一名甘孛智此作東埔治卽其對音又作東埔寨瀛環志畧稱東埔寨者誤也

派員游探各章程

探柬埔治並盎高爾舊蹟之役總其事者特拉格來于一千八百六十六年同治五年六月初一日定議出探隨帶探員七名監察安境事務都司晃西士加尼守備特拉巴爾脫以其熟悉本土人情世故二等醫士舒裴以其精通地學也藝農務董事三等醫士到來爾以其精通植物學也外務執事特格爾乃以其明於交涉也通事法人帥根以其通于暹安兩國語言也柬人阿來克西斯四姆以其通於柬安兩國語言也親密維持者有水部外委克俐白尼及親兵一名各携夾拉屏鎗

駕船者有法人水手兩名、呂宋水手兩名、護衛者有安南外委一名、標兵六名、各帶麻斯格當鎗、其餘另携裝愛斯伯勞西藥彈之夾拉屏鎗一桿、叉手鎗多桿、足如人數、以備不虞、隨帶食物共一百四十件、俱輕巧靈便、易於携取、內酒二十四桶、計七百六十六里脫（每里脫立方面三寸三分）火酒八桶、計二百二里脫、麵粉一十五箱、計三百十二記牢、（每記牢二十六兩六錢六分）乾麥餅一十五箱、計二百七十記牢、乾藏食物十三箱、計二百八記牢、雜器四箱、如測水索帆布之類、測器一箱、如天文鏡紀限儀之類、備送土首禮物十五箱、如洋鎗手鎗時表綢緞寶瀛環志略暹羅有大水二一曰瀾滄江發源青海歷雲南入暹羅東北境至東埔寨入海一曰湄南河發源雲南之李仙把邊等河至暹北境會諸水成大河至羅斛南境入海

石圖畫遠鏡洋刀銅錫各器之類、其餘行李睡具共四十五捆、給發川資二萬五千佛郎每佛郎計洋二角五分內計英洋值一萬佛郎、寶銀及暹羅銀值一萬五千佛郎、先於五月二十五日、駐安督致書於特拉格來曰、探訪湄江一役、即東埔治河別名前經尙書奏准、奉派閣下總理其事、此役將來大有益於新藩各地格致學問、沿途一切應守規模、閣下當能知之、無煩多囑、惟此番游歷、實有要旨。務望閣下深心體會。轉達於各員、俾不致負僕心意、前識湄江、祇自江口至省、排桑袍而止、其外悉憑土俗謠傳、舊誌泛載不全、且古麻好游探以郎潑拉彭爲限、以上悉屬渺茫、因其並未實測也、總之不得其源。所知仍如未知。然此乃遠印度至大之江。關係非淺、其間壤地既廣、古蹟亦多、雜二十種方言、據亞細亞各人種相傳、此中古時曾立富强之國。我人有志。豈不能淺試深嘗。重拓古有之商務。況中國中境土產饒腴。實與該地相接非遥。誠能就近誘通。功利莫可勝言。此事既關政教。亦涉新藩部利害機宜。察勢揆情。存眞滅惑。俾將來漸有設措。僕之願也、閣下總理此役、責任匪輕、深入詳探。愈遠愈好。先溯幹流。必及其源。次究沿途各方門戶。如何能使腹裏商務貫通於柬安兩國。是爲至要、閣下非他員可比、故特諄諄囑告、務必專心着眼。至隨地考察事宜、就各員所長、擇要記載、不必貪泥細事、久稽時日、若天陰及人事阻隔之時、或可細考雜學也、所定在路各章程附列于後

一在路約束章程、悉遵國頒水師船章、總辦之權、悉如船主、

一逐日如何游探、及酌量費用、分送禮物、與地方官交涉事宜、均歸總辦主裁、

一如遇總辦分路外出、或病或故、即着幇辦即晃西士加尼接理其事、

一差中人員干犯重過由總辦審明錄供判決登入日記總簿、

一每逢人員悉病、先著醫士斷定病勢、如所患深重、或另有大事准假歸帥、剛由總辦另具信件、知照駐安總督、

一幇辦專司測量天文風雨寒暑各器、其所過地方、天時氣候、赤道經緯、地理險易、水路淺深、船隻之可通與否、土人駛船各法之是巧是拙、幹支各河商路往來之盛衰迂便、詳記勿失、

一總辦如有應行分飭事宜、均由幇辦傳知各員、卽由幇辦

監察行之、

一特拉巴爾脫、專司約束護勇料理食供轉運事宜、經管銀錢軍械藥彈、發給日用所需銀錢物件、登記各項出入帳目、每月杪結總呈總帮辦核察、並司襄助、帮辦測探天文經緯山川形勢、繪寫成圖、其專責仍歸幫辦、

一特格爾迺專司記載游歷路程、各方土風民習、地面景像、于商務交涉中、考求互核、各物之高低來歷、新藩部何物至該地可銷、該地何物至新藩部可銷。

一舒裴專司探究地脉、查測礦產、並察土人所用開礦之法、

是艱是易、應取應棄、

一到來爾專司考求所過各地人畜草木氣色容貌之類、以上所派各員、職司、均係大略、其餘未盡事宜、悉由總辦隨機察派、惟涉關係要工必須各就所長、如農工應歸醫士商務應歸外務、執事此次游探、利在妥速、至於各土文字、不及深究、在各員經歷考求、專藝中必有所得、亦可詳記入簿、俾公家將來得以彙緝考訂、成該方字典之書、其商務之佈置、教門之結習、方言之種類、人民分種僦居之地界、俱應在在記載、

一游歷日記總簿最關緊要總辦若有餘閒務必隨時覽究、
一各員中遇有細究事宜祇可分簿詳記總簿上摘檢要略、勿得繁贅、
一途中所過、如遇偶然之物、如一塔一廟必須指明登簿、以爲表誌、
一幫辦應記每日風雨寒暑、及行船所遇各事、停歇處所之方位形勢、
一舒裴應記同人隨時之體氣強弱、
一在事各員游歷所得、均應隨時記載分簿、如遇有關學問

時事者、稟明總辦、准其節入總簿、
一每月須將各人所記、彙集一次、擇要節錄、呈於總辦批閱、
一遇有安南便郵、速將分記總記、一併封固、逕達駐安總督衙門、勿轉手他處。
一在路所集要件日記、地方情形、輿圖畫幅書本、皆爲國產、俟游探歸後、呈於總督核定幅式、審機會刊、未歸不准刊刻。
一當游歷之際、在事各員、不得將所知所講所論宣揚于外。即同人私議往來、亦須機密、勿得顯露、
一人員中遇有所記、必須外傳之事、當由總辦寄知總督、呈

明必須外傳之意、
一游探歸後、如遇總督准刋某人著述、祇准本人重爲修改、不許他人妄加增删、卽總督意有更改處、亦須與本人斟酌、
一此際已屆陰時、多雨之時本年不宜遠探多路、查此河之上路多艱難、流多險急、且有時瘴之疫、易於沾染、應在柬埔治河兩岸省排桑袍上流、排沙格或烏棒一帶過年、不可再上、依此而行、其便有二、一可熟究安南藩部交界之地、一可就安南人中打聽前途消息、略得風俗、俾次年往探所經各邦、不致人情捍格、

下文游探時此河名士淖伊河此部又譯寫作阿刀卜

第二卷十一月二十一日晚抵阿刀卜以後即是游探此地之實據

西人於汇水斗瀉與山水斗瀉者均稱爲急流

一桑袍爾之急流、關係非淺。約此去所經、正値水漲未半之時、從外露磐石、可測水痕、度其漲足時、火輪炮船可過否。循何綫能行、如何過法。必指明的確。

一接通斯登吞阿刀巴兩邑之河、亦名阿刀巴、至斯邑、如天晴無阻、須往阿邑觀探形勢、

一阿刀巴河第二支自南而來繞、與新藩部邊境各種土民之地、此土民與部民交雜往來。最關緊要須用心察究如何能由邊境交通內地商務。

一康格之地有瀑布、至此須帶員往觀、測其高下、繪其噴傾

所以統譯曰瀑布

此河游探在第二卷彼卷作當里羅普河此地名當里羅普部舊爲柬埔治地後爲暹羅所侵劃

排沙格者山名也山在南掌南方此以山名其地者也

第二卷九月十一日抵排沙格烏棒卽烏旁同治六年二月十

之勢、所經磐石澗道、如何情形、大水之時、中船能否牽挽而過、水涸之際、稍費銀工、能否開鑿河道、

一康右岸略北、有當里而巴河、向傳柬屬近此之省、咸沾河利甚富饒、故省治亦以河名、到此務究貿易之道、兩岸各方之土產。

一排沙格、昔爲下南掌之都城、至今王裔尚在、弱而無權、至此須覓該小國志乘疆界、及興衰原委、

一排沙格左近、有舊時樓閣遺蹟、務考其來歷、及建造年期、

一據各舊圖所載、烏棒河發源于告拉脫之西、河中若能駛

九日以後游探告拉脫卽後文告臘烏棒游探見第三卷

卽巫來由

郞潑拉彭卽南掌

船。關係非淺。必須究明、

一據傳烏棒產鹽玉、卽寶石類斯登呑產鉛銀、江之右岸各省產錢、而金沙之地、亦復不少、務必考其確址、如何開采之法、案原注云鹽玉卽寶石類此注非也觀後文有烏旁產鹽鹽味上浮之說則鹽與玉爲兩事

一土產如蘇、漆、樹膠、白豆蔻、蠟等類、均爲緊要之貨、設何法能令各貨運抵新藩部。

一沿江兩岸腹裏之地、各種方言古語、到處均須詳究、

一向傳合拉台種、左近麻來種甚多、務必究其緣由、

同治五年

一十二月初一日左右、陰時既盡、宜速啟程、此段路徑平穩、

同治六年四月二十八日以後游探

墓在上南掌之郞潑拉彭訪出在第四卷

直抵郎潑拉彭一帶、無甚阻碍、惟載運稍慢功夫耳、行路既速、則考究學問之時不多、然文相故國諸事必須考訂、蓋昔時曾爲富強之國、與中國貿易甚旺也、

一隨處宜探訪江左岸安南人所佔之地、而與之甘言聯絡。

一郎潑拉彭爲上南掌都城、古王裔所在、至此須畧停、探訪前途之民情地土、蓋以上土民、非屬緬甸、卽屬中國雲南矣。間有彼此交屬者。名雖附庸、寔不歸化。凡與此等首長往還。必格外謹慎。

一倘能尋覓麻好故墓所在、視行資多寡、與地方官妥商、建

同治六年四月至郎潑拉彭

計同治五年六月游探至同治七年六月回西貢前後凡三年

湄江即麻里江

立碑坊、以誌能勇功蹟、而興後來之觀感、

一郎潑拉彭以上各方、所有情形、皆不的確、惟在此次游探所知情節、隨機行事、

一歷時久暫、進止遠近、不能預限、要在熟知湄江以上山川情形、貿易道途耳、惟視各員體氣力量、及路中有無人事阻碍、及阻碍之大小、以定歸期可也、

一此次游歷無論遲速難易、必得各種情節之根蒂、俾後人得有頭緒、以爲續探之地、

一向傳湄江與揚子江並行、發源於西藏東北境。此係大約

之辭、並無確據、此次必須究明。
一東埔治及下南掌一帶、相傳湄江之源、在北緯二十七八度之間地多大湖、湄江瀾滄之源、亦出於此、揆其大畧、此處尚是分汊、必非眞源。亦應詳究之、
一在事人員各存爲國宣力之心、宜恭聽醫士之言、珍重體氣、
一行路宜速、停息宜頻、毋暴毋寒、一日之中須停歇三次爲率、
一測探之意、重在聯絡各方人情。故凡所過之地、與民人交

東埔治者唐之六詔直至元滅、南詔始置雲南行省其未歸內

往、必敦友誼、啓其敬愛、破其猜疑、必使遠人咸識我等並無惡意、實爲開化地方教以富強之術、

一護衛之人、必須嚴行約束、毋施横暴、毋逞惡習、貽誚客中、毋藐視地方國法、毋輕賤各教門所信、

一與各酋長往來、須有慷慨穩重氣象、遇事公正涵容、必使遠民交相敬服、曰、此富強大國之使也、蓋將來得能通商交涉、此次卽是始基、人心之欽敬藐忽、大有關係、慎之慎之、

一東埔治本爲强大之國、因暹羅强鄰、逐漸侵削、壤地日蹙、此次查探、須核其被削之地、在暹人決不甘心、必無好顏相

地者謂之南掌掌卽詔字之對音也阿瓦卽緬甸所都

待、前經駐暹領事請得該國照會、應貼身佩帶、呈驗地方官以防阻滯、其餘所經、有于愛阿瓦中國所屬之地、已問各朝廷咨請執照、大約十二月初一左右、必能接得、再測量精器、安境所無者、亦已寄購、屆時亦可寄到矣、

附譯安督及暹國護憑

駐安南總督統領水陸全軍頭品職銜特拉格郎提愛護憑給執、本督今派總辦大員特拉格來游探湄江、繪圖記事、該總辦帶隨員五人、護勇七名、安南兵七名、及通事等人前往該方、我法王同湄江諸王共敦友睦、該總辦所到各處、與地

方官交涉、悉以友禮相待、並代本督致意請安、其應需物件、與地方官和言商酌、嗣後常將各官相待情形、詳細禀陳本督、俾奏明我王、分別致書、親護者自有報謝、欺慢者當聲詰責也、希即遵照、

分巡暹羅北方及湄江等處各省欽差大臣蒲陶拉排咨會南掌各省巡撫知悉、本大臣據首相加拉烘咨稱現有法駐安總督特拉格郎提愛奉法王旨、派總辦特拉格來並隨員數人探訪南掌地理民情、繪圖著說、持照前來、本相臣已轉達國王、奉諭、法國既爲安南一脵之主、所派探訪各事、該總

辦既充學問之員、該安督既飭遵守我國地方律法、我國理合護持、諭飭各省巡撫、以禮優待、凡遇該員等應須歇息、即備住寓、凡需粮食、即爲購辦、凡有患病不能隨從之員、妥爲照顧、無使缺乏、凡需江舡舢板牛象車輛等項、即爲役僱、凡遇生路應探之地、即爲僱人引導、嚴禁沿途匪棍造謠搆衅、竊害欺凌等事、地方官見此憑據照行毋違、俾法員往還、一路無阻、

探盎高爾一帶

由柬江通大湖、進口極多、俱滙於剛邦耶、即柬埔隆、其發源

瀛環志畧云湄南河勢緩而散田疇藉以肥沃農時掉舟耕種插秧畢而河水至苗隨水長不煩薅溉水退而稻熟矣米極賤每石直銀三星時載往粤東售賣

處、黃渾汪洋、氣象慘淡、自西北隱隱而沒、遙望一綫甚低、矮樹圍環、掩映相接、絕少乾地置足、浪湧無聲、瀰漫于樹林中忽隱忽現、未能清晰、覩此光景、令人生孤曠悽獨之感、賴有數漁船遙遙蕩漾、集于纏籐交樹之間、覩之略覺神怡、湖邊亦有數處經土人伐去樹木、播種稻田、居然阡陌整齊、惟湖面消長時異、故湖田亦多寡無常、直待水乾刈穫之時、方定收成、南境波爾剛脫數小山、羣峰浮列、淡靑撲眼、爲該境點綴之色、舟行未久、忽失全岸、即見克勞毋雙峰、現於船頭、峯前多樹環列、如不能透之厚障、欲尋盎高爾小河之窄口、雙

此六月係同治五年西人之六月

峯適爲標誌焉、

六月二十二日、炮船碇於窄口之前、時已傍晚、不及登岸、俄頃西風大起、湖浪洶湧、灘水向樹林奔駛、遙望昏黑、僅能辨河口兩岸間之樁木、知爲捕魚之所、星火悠悠、熠自草棚、其棚架于樁木之上、略離水面、爲漁人棲處也、次日黎明、同人俱上小船、艤至暫設之庽、其庽卽在河岸、離河口不遠、本爲漁人晒漁處、其時已屆水漲、漁務將畢、稍有貪溺漁利者尚遲留未去、而此房亦不久拆卸矣、登岸小步、奇境宛然、樹木漸次分叢、地亦漸次浮起、其時水漲未足、小船尙不能達盡高爾新邑、據云、該邑市面甚大、今爲土人所稱新掠潑者、該省巡撫所住也、同人决意由旱道往、自小船停泊處起、至水之至淺處止、約五里路、係逕直是日卽向盎邑巡撫索轉運車象等、

至二十四日淸晨、人夫均齊、當日卽束裝前往、纔出遮蔽湖岸之樹林、卽覺此身已在空闊無限稻日之中、一路風景平常、無異安南、行未幾、卽得蛤美爾舊化之遺跡、心中爲之一快、思此古遠之化、能傳于遠印度合境、足見古人才力、可欽可慕、况在庸常之地、有此異跡、更令人悅目暢心、自此抵大

阿脫浮卽阿彌陀佛之對音亞字則語助也

盎高爾有舊築堤岸可通、此岸西去不遠、在克勞毋山麓、又有舊時築造工程遺跡、沿此遺跡上行至山頂、便得聖廟一所、其廟更足令人驚異、我游歷人本在探求隱蹟、至此日不暇給、貪戀莫能舍矣、陸路至新掠潑、經一浮屠廢址、距路不遠、在平原中、得此聳然特立、足爲風景之主、卽是阿脫浮亞聖廟也、前行未幾、見新掠潑炮臺係四十年前所築、四圍墻堵之料、卽所拆就近古工、觀此精奇料件、更欲急觀勝跡、炮台前面之沙路、向北漸低、樹林黃美、非同湖岸泥淖可比、行五里奇、便抵盎高爾廟前之閣、此閣爲遺跡中最勝、歷刼未毀、同人近邊探遊、即以此爲居中歇息講求之公所矣、下有竹屋、正堪爲同人宿處、向亦備往來拜佛所廌者、廟西有石堤一條、半埋樹林土中、直接大盎高爾古邑南門、計北距五里奇、當此岸之左、倍根山矗立山頂、亦有古時築造工程極多、大盎高爾之城廂內外、舊閣星峙、光彩爛然、與諸勝跡、互相輝映、合成至美、非他處可比也、從大盎高爾起、另有石堤一條、向河而行、堤左右遠近樓閣鱗次、其建造之料件、多用質間鋏紋鋏砂之石、在安南人稱之曰平好阿石、柬埔治人稱之曰被克里愛、（即燒過未圝之意）因其顏色外形、絕似顆粒粘合礱、此石合湖之谷所產極多、東去五十四里許、在彭鎮左近、沿路有大沙灘二、計闊二十至三十里不等、其間均產此石、質異、色亦不同、匠工選用、以淡黃有粗砂者爲良、築堤岸及粗屋之圍牆、精屋之根足、牆之空處皆用之、古時東人用灰色或紫色之石、近時稱之曰脫馬否格、（即泥、石之意）命意甚稱、今人精識化學、方知所名確當、昔時本無斯稱、其質甚細、面可磨光、在礦時甚嫩、出礦後漸堅、惟不能久耐燥濕、蓋旱則裂成條、雨則毀成片也、舉國相傳、咸以謂古時營造愚樸、但知以泥土和水舂粘堆疊而已、所有後來一切考究規模、悉本匠神樸來亞波斯奴加遺教、盎高爾四圍脫馬否格之石脈未覩、至彭鎭東越被克里愛礦始有之、古冷小連山一帶、產多而良、最宜築造也、山頂泉水下衝溜成澗道、於陰時深且急、交春始涸、澗道左右、就水衝形勢、鑿成步級、有如尖垛者、鼓圓者、平方者、過此澗、于數里之間、恒有粗石塊聳起、下鑿深洞、露錢之形跡、並見遺有開礦器具、現今居民所尙用者、足見昔時此中早有講求礦務之人矣、又可知蛤美爾殿閣大料之由來矣、其開鑿之法、先于石面劃成應截之綫、以器琢洞成序、徑約一寸、深淺相同、用四鋒鋏銼、長一尺至三尺不等者、將石料逐層取起、此其大畧也、過此不遠、便抵通盎高爾之大土堤、其堤由彭轉入東北、據土人指陳、沿堤尚有礦脈總處、在湄來阿近邊、石質透露易見、凡此旺脈、應須往探、以考前見樓閣中極細料之由來、度所指之礦、大約更近於盎廟及盎邑耳、東行約距盎邑六七十里、復見脫馬石塊甚大、且有古時開礦形跡、整料早經取去、視百里內之樓閣可證、至於磚料、似始於樓閣之後、故小廟小屋方用之、間有與脫馬石隨意湊建者、此寔嬾惰苟簡而已、非同古樓閣之先定程式、後取整料也、盎廟工程極大、固非磚料可配、而近廟燒磚土料亦少、若遠此則情形不同、故寶塔樓閣諸巨工、俱有用磚者、其磚長約一尺一寸、闊約六寸奇、工亦華美、頗無疵議、此等建築、亦當在中國全盛之時、至于各處牆工、俱用立方石疊起、不以三合土粘合、石之大小、質之美惡、工之精粗、視相稱爲率、搡起築之際、必求方體相同規矩整齊者、實砌無隙爲善、惟脫馬石稍貴重、頗惜琢削、往往有參差鑲砌、而以平阿好石填其空者、至平好石大小三種、約方三尺、或一尺六寸、或一尺三寸不等、亦有大至七尺三寸者、脫馬石長計六尺六寸、闊計二尺六寸、或一尺六寸爲最多、間有長至一丈一尺闊至四尺之大料、不多見耳、凡大料中、每顯轉運起高法度、故能以六千餘斤之重起至極高、但未能解其秘理、而石上往往多鑿方圓各洞、其洞或一簇或數簇、星羅碁布、徑闊六分、深約一寸、相距約三寸至五寸、礦中鑿而未起之石、亦有如此者、由此度之、其洞必爲轉運起重所用矣、樓間多孤牆、上有插出之簷邊起齒牆足二三梯級、占地甚寬、環洞及墻面、似用器磨擦者、故光潔可愛、非琢鑿所能、將來必擇攜一二種以質考據也、蛤美爾各工門樓之環圈洞、無有過一丈一尺六寸者、其洞用石逐層搡疊、略如橋梁、每疊五層至頂、如用架板不顯石頂者、則聽其粗面、其板擱于牆柱出額之間、板斜不用石墻額雕飾金碧、雕工尚多精巧完善、可尋遺制、其不用格板、則洞形甚顯、略近撱圓之式、中函泉分圓形、如梅花邊、磨工甚精、加以采飾泥金、與希臘古遺制相似、洞之外處、浪紋接疊、如瓦楞然、亦用雕飾之工、以成美觀也、覆連兩墻、或一墻一柱、或兩柱之間者、全環洞居多、覆連一墻、一聳出之柱、或一高柱一低柱之間者、半環洞居多、此可見於盎高爾湄來亞諸處之大凡、其餘寶塔城樓、建置大要相同也、克牢姆山、雙峰對峙、自西南而西至東北面東岡脈起伏隱然可覩、其高峰之頂、有樹鬱然、卽聖廟所在、瞻仰前行、將到未到之際、先得廢蹟一所、披搜殘敗、已見雕工巧妙、有四面形之佛像、以史書考其手臂紋理、爲時必甚古、又數武、卽覩三塔、已毀其頂、然宏壯規模具在、工程俱用脫馬石、中有闊石步一道、傍有窄步一道、鑿工亦佳、門堂四面俱鐫各種花紋、並有女像趺坐擶圓龕中、堅穩端詳、眉目顯綻、足證盛時製作、石步前望、有環洞屋四所、一綫平列十二所、係脫馬石、邊二所係燒磚、大約後來添建、屋內深密不暢、光由小斜洞透入、洞鑿于邊、三面無門、石上横直成行、居人云爲藏聖寶之所、幽光潛密、表諭聖德也、廟外圍牆三層、俱用平好阿石所築、外兩層相貼甚近、裏層離稍遠、讓有夾道可行、如背衖、外墻鑿洞透光、入道在第二牆、尚可見外洞、此三層墻均在一基址、址高六寸餘、用粗堅灰石相鋪、故於山巒、不甚分判、如天生者、正門兩傍豎有尖方立柱、用燒磚所砌、斷係近時工程、其次峰之頂、童禿不毛、亦有磚柱如正門兩傍者、兩峰之間、山練相接、上有磚砌小廟、簡陋卑粗、無關聖跡矣、阿脫浮亞塔高聳千盎高爾河之左岸、約離三十五丈、在克勞姆山西北十里奇、由東面進單層圓墻、見

宋哲宗元符三年

塔之正門、乃在西面、基地畧高、兩傍各有聖廟一所、從塔門起、有柱如欄、勻列兩行、接至大門、門有大樓、如城樓然、柱琢大畧可認、蓋一千一百年間所建也、北東南三面、均有便門、圍墻用平好石所砌、近墻之內、有四低屋、偏東二、偏西二、西者較大、聖廟之石料、皆大而美者、飾雖不華、規模極壯也、盎高爾廟、與阿脫浮亞大畧相近、而美萃過之、故爲蛤美爾之傑製、昔人有暵畫之圖、可證其詳、廟四圍有濠池、闊六十六丈、環洞四十、直接正殿之門、石柱雕欄、層疊曲折、複道迂廻、以通車路、廟基長方、南北百七十三丈、東西二百二十丈、圍

墻周邊一千一百八十六丈、濠之外周一千八百丈、濠岸俱用平好石砌、横出脱馬石圍洞、以通廟内陰溝也、

東埔治以北探路記卷二

目錄

排沙格山名在下南掌

西弓卽西貢亦卽上文帥岡之對音

由盎高爾回柬埔隆又上溯至排沙格

盎高爾一帶稽留未久、尚未詳細探明、所有古蹟、載記紛繁、耐人考索、且自野林行出、忽見熱帶所產各物、煥然一新、如夢初醒、雖于草地偶拾片瓦、親見其雕鑿精工、勝讀考古之書數卷、屢次聞特總辦朗聲宣講、引余等考證古蹟、然速欲趲程、無心留戀、

七月初一日早十點鐘備齊象疋、于廟場往新略潑、午刻、與新略潑酋話別、行至炮台對面、因水方漲高、可由盎高爾直達大湖、氣候炎熱、令行人倦而思臥、無游覽曲水濃陰之興、

水鳥飛鳴、與人親近、傍晚宿第二十七號炮船、
初二日、晚泊柬埔之前柬埔隆鎮、一帶市廛、沿岸平行、高于
左右之地、凡柬埔治安南之鎮市、皆築于沿水、大畧相同、唯
安南之屋築于隄岸、而柬埔治之屋築于沿岸木樁、高于水
面六七尺、初疑木樁以避海潮、而實則避蛇蠍螞蝗之類、自
余等啓行、水已漸漲、未能往探柬埔隆之左近、只有一高隄
可達烏東、此路與柬埔治無甚關係、因近日柬國王已遷都
于奔山也、（土名百嶴奔）循隄而行、左邊見一崗、三頂平列、名白里
亞里叻山、自盎根王以後俱葬此山之下、其崗最高處、舊有

明神宗萬歷二年

一廟、與盎高爾廟同時建造、柬埔治王于一千六百年、又造新廟于旁、其時第三十二號砲船靜候于柬埔隆、特總辦將是鎮之法國房屋、交付接手之人、

初五日、第二十七第三十二兩砲船同往奔山、與柬王淖羅達話別、從柬埔隆至奔山、沿湖梢之右岸花圃、與鎮市絡繹不絕、其中有此捍盧鎮、為柬國天主教之首邑、埋葬教士甚多、一千七百年間、荷蘭人攻克馬洛申之後、有教士保羅大告士達避兵於此、宕薩臘教士未陞帥岡教主之前、亦居于此、午刻、泊于噶脫爾卜蝕、譯言四臂、其抱角處之上游、築有西國

大清道光十四年

式之行宮、一帶江岸風景、最爲幽勝、奔山在火河湖梢之合流處、日後必爲商賈薈萃之區、惟視法人在此能否立脚穩固。調度有方。以爲之轉移耳。一千八百三十四年、暹羅人未燒之前、奔山有居民五萬、此民爲柬江沙洲中最雜之種、有中國各省及安南柬埔治暹羅巫來由印度之民、皆溷迹于此、中國人在此、最爲靈敏善謀生計、其次則安南人善于操舟販貨、以與安南南境貿易、且可捕大河之魚、又次則巫來由人、專販歐洲之貨、又次則爲土人、販中國之磁器、陶器、藥材、及銅錫器、又販法藩部中印度雜貨、英國棉貨、及各種酒、黃豪伯西翰日記云緬甸昔分三國曰阿瓦曰阿拉干曰祕古各不相統恒相爭奪乾隆年間祕古約荷蘭二國之兵攻緬陷其都城擒其國王突有阿羅班部一小官起義恢復自立爲王其子山巴嗣位

在奔山街市採購物件、見商於南掌之華人告特總辦云、與柬埔治交界之江谷銅絲甚貴、余等恒往商販、

初六日、特總辦帶余等見柬埔治王、王甚殷勤、令舞女跳歌相款、演舞甚熟、余等細察此戲、必自印度來、蓋中國及蒙古俱無跳舞之法也、所備茶點心、惟柬王與余等得以食之、及特總辦與王分袂、意甚戀戀、因特總辦曾爲之畫計以理國事也、國內多反側、布罔卜率籐牌兵一隊、方與王族仇殺、蓋今王淖羅達、係其父未爲柬王所生、且爲盎根王之遠族、是以國中時有衅爭、又因淖羅達改習西國風氣、用度浩繁、欲

復滅秘古東盟越南南服暹羅兵强莫敵其侵犯中國亦在此時山巴領沒弟皿底拉宜嗣位乘勝併兼阿拉干加渣爾加包諸部云云此書稱盎根王卽阿拉干三字之對音也三字急讀卽成盎根志畧云暹羅西南有斜仔六坤宋卡大哞吉連丹丁噶奴諸番部皆其屬國云云此台甯當卽大哞二字之對音

加征進款、增權華商重稅、羣起怨言、布岡卜乘隙興兵、欲免重稅、坿從者揭竿蠭起、台甯部居民稀少、柬埔治人居多、此爲安南部中地廣人稀之地、新匠派往省城作工、工價太苛、民亦懷怨、布岡卜賺殺柬王所派拉爾格老之船主、柬王發兵討之、副將馬先士敗績、拉爾格老及馬先士皆法人也、布岡卜遂直搗柬都、以攻王族、惟特總辦熟悉柬境情形、且與官民交好、不但有益于柬國、且有益于安南之法藩、此次游探、法國家既已議派、而柬國之亂、法國家早未計及、其時淖羅達遷于奔山、所以遠避逆黨、而欲藉法國兵船之庇護也、

瀛環志畧云暹羅都曼谷此本告克卽曼谷之對音又前後文多作曼谷

其考斯麻船、自暹都本告克駛回泊于岡保、帶有黃金及路照、俱寄往奔山、余等已檢查收訖、柬王贈特總辦黃金一條以誌系念之情、總辦却之、因法人向例不便受人財幣也、七月初七日午刻、裝束行李、將第二十七號砲船以載在事人及雜物、第三十二號砲船爲保氏延所帶、均自奔山開輪、柬人阿通事因鄉親勸阻、不願隨行、幸有南掌阿來非部人住居柬國多年之阿來非、願移充阿通事之職、特總辦與之說柬國言語、頗爲諳熟、且備知前途之風土民情、船主保氏延新接特總辦之任、願陪送一程、以表愛戴之忱、距闕不遠、兩船分道、第三十二號船升砲四聲、彼此下旂作別、而船人齊聲祝頌平安、遂一船獨自前行、天氣清朗、江流滾滾、次日黎明、左邊過蘇登羣島、又前行、見巴先山岡、蘇登羣島產棉甚多、且爲形勢之地、至豐乞郎略息、初九日、舟抵克腦氏郎江左岸東境之鎭也、是鎭之南盡處、有王宮一所、余等宿焉、以待尙保桑抱之部酋備雇上游民船、因已抵桑泡爾之急流、爲可通輪船之盡處、特總辦顧飭愛司己揑將砲船再向北溯、俾余細探急流之狀、以試小輪船可否通行。然第二十七號之船身汽鼓、係咸豐十年在燕志畧曰據海國聞見錄則眞臘在 國初尚存小國今則爲越南之嘉定省蠻觸相爭向無入告故占城眞臘之亡於何時竟未有能言之者余案此書之帥岡即越南之嘉定故地粵人稱曰西貢即帥岡二字轉聲同治初年越南劃南方嘉定六省以與法人立西貢一阜乃古之日南九眞及占城眞臘地

台裝配年久繡蝕、苟渡此急流、未免危險、遂不復北溯、各作家書、以寄帥岡、七月十一日、令炮船開輪駛回、到來爾患病、特總辦擬遣回帥岡、到來爾堅意同行、幸數日即愈、特總辦探問布岡卜之事、聞布岡卜率衆將佔廢炮台一所、此台距江左岸不遠、即昔之王宮也、旋被脫旁芒官兵敗之于台甯、故此間不致爲行旅之阻、惟有整頓前駛而已、所雇民船八號、遂一配置、以過急流、凡湄江之船、皆以獨木斲成、長計十邁當至十八邁當、兩旁以竹爲舷、水手可以行走、船之後身、艙寬而平、其後置舵、船上有蓆篷環蓋、克朏氏小鎮居民四五百、貿易甚淡、沿江處有零星小屋、屋旁多花果、屋後有小山隆起、山後平原、間有稻田、土脈膏腴、農工極惰、柬國境內、地多礦脈、田多穀食、地方官徒知中飽、而國人疎惰成性、不事經營、反游獵于叢林灌木、殆亦在上者未嘗督率之耳、

七月十三日、余等上船、特總辦之船懸以法國主旂、午刻過急流、各船俱卸去貨物、篙手上左岸縴之、每船篙手少至七人、多至十人、是日行不多程、至桑抱爾暫息、抵左岸支流、潑里香比口宿焉、是處始見尚保桑抱爾之急流、余等以圍包

粟之竹籬爲床、地勢野曠、蚊蚋甚多、且夜雨淅瀝、終夕不得成寐、

次日、又行、江流漸急、水漲五邁、當浮有兩岸坍下之樹根、其水淺時所見之礁石俱沒于水、但見樹杪簇簇、招搖水面而已、船行一埋耳始見左岸、苟此處試駛堅固之小輪船、想亦不致礁淺之患、總之此處水愈漲高、急流愈緩、晚五點鐘已抵桑抱耳、亦爲東國境內要地、尙保桑抱耳之部酋駐于此邑、款待總辦情誼周摯、余等歇息、頗爲安適、總辦以飛禽數頭、果實數品、手槍一柄、報之、部酋挽留信宿、余等急欲前行、

次日啓程桑抱耳部內、多樹林之產、如蝕膠漆鹿皮之類、有路可達內地野番爲販買奴婢之道、尙保桑抱耳爲奥各那黃、卽國中大庫之意、

十五日十一點鐘、行出桑抱爾、江中多小島、一路探測水勢、絕無居民、但有叢林、可以娛目、其最大之樹名曰治豪、中國印度之南境俱有之其一樹每高三十邁當、約有中國十丈、可造極大之舟、有巴朗樹、可作此船之艣、有庚克斯樹、可抵烏木、以作庭柱、永遠不朽、此三樹、惟治豪爲土人所常用、此種樹身、土人每鑿洞以取樹油、洞外用葉蔽之以避雨淋、

七月十六日、過急流甚險、江中礁石瞬息沒水、但見樹杪招搖水面、滾滾黃流、一望無際、未知何處是行舟正路、左岸磐石林立、想見江中必多礁淺、舟人以篙探之、水深十尺左右、每點鐘行十六中里、其冒險急駛已可想見、又益以疾風大雨、不能任我所之、行至支河口、方得泊舟倦臥、幾被巨風漂至江心、船以獨木斲成、帆纜毀壞、一遭風雨、幾無乾處、及繫舟復臥、而林間閃電駭目、霹靂交加、萬谷響應、風水怒吼、終夕不能成寐、

七月十九日、行過急流、江左岸爲東埔治南掌兩國交界江

右岸爲柬埔寨大省、下游不遠、即庇搭綳急流、舟子謂是此江最險處、特總辦命余向西探明、余乘獨木小舟沿小島西行、舟子示余曰此處可望見庇搭綳、但能遠眺不能前進、遂返棹與特總辦商議、待前途可泊舟處、再探江右岸至桑抱爾一帶、

二十日、見江勢向西繞流、既過急流、又向北行、望見山地高低如浪紋、江水舒緩、景象寬敞、右岸初見南掌民居、

二十一日晨間、望見西弓河及抵河口左岸之斯登吞首邑、晤暹羅之部酋、酋係南掌人、心懷猜忌、初晤頗覺冷淡、余念

與暹羅官吏交往、極宜留意、余等到此、先須忍耐冷淡、設法親近、且不致失我國體、余等令代雇南掌之船、部酋許而不付、特總辦令余往芑（芑譯言省城）再訂所許、見其心存畏葸、直告余曰、土人方與法人爲仇、因近有法商來府經此、虐民樹怨、所以不能代汝探路人雇募夫船、本部雖有軍械、亦不忍強壓土人云云、余答曰、法商之罪、自有國法、余等探路、非可概論、若阻余等、法國亦必不依、遂將路憑取示、且云若不代雇夫船、特總辦將駐斯登吞而轉稟駐安總督矣、部酋遂允、旋來拜謁特總辦、稱係外邦人未諳西國禮節、諸多簡慢、望乞恕宥、總辦遂將先後禮物、一一收受、報以法國禮物數種、部僉方蓋屋以延余等、而余等暫宿沙欄、沙欄者、南掌鎮市之公所也、憶柬埔開船時、王曾面囑送至斯登吞無須給價、特總辦因其急欲歸家刈稻、遂賞以路米、幷每人給安南鉛錢四吊、每吊六百文、（每英洋可易三千餘文）俾南掌人知我賞賜之寬、仍帶柬埔小舟二號、沿右岸至桑抱爾回時另行給賞、因來時未能探明水道、故總辦派余覆探、余遂另雇一舟、携一法國水手、因可熟悉柬埔言語、可相助探測也、午刻由斯登吞啓行、水流甚急、舟又輕捷、舟之首尾用槳、令法水手探水深淺、余坐船中持羅盤一、鉛筆一、隨時記繪山水形勢、未幾抵右岸、由沙朗羣島進右岸之支河、順流而進、傍晚抵急流處泊舟登岸、以察晚間可通舟之路、此地屬柬埔治管轄、林木甚多、所伐樹段、縱橫路側、間有刳挖成舟者、日暮舟匠已散、余等拾取木柴、爲宿夜之用、行未遠、見屋一所、四柱撐起、計高十尺、凡叢林中多有此屋、用以巡守木料、且避野獸、余等棲宿于此、風聲四起、余遂就寢、法水手及二舟子輪流坐守、次早起程、支河忽然開拓、有五百丈之寬、水流更急、江之幹流深三十邁、當此處僅深十五邁、當左邊有潑里亞大島遮蔽右岸、行至島之南角、纔可望見右岸、余料此河卽東埔河支河、其寬處有一千六百丈、又前行島嶼甚多、庇搭繃急流之聲、隆隆入耳、右岸漸向西轉、曲折處多洲、長條如舟、兩端水流甚急、舟子欲截流而渡、以行左岸、余令仍沿右岸、探測水深、因余知深流仍在右岸也、舟子云右岸雖可行、而急湍加深、滾落如霹靂、難保無沉裂之患、余令細心行、抵庇搭繃容再給賞、舟子應允、而舟已漸離右岸、余覺其欲行中流以避急流、遂把定後槳、持手槍指舟子曰、何以不從余言、舟子遂仍循右岸、片刻間進右岸及長洲之間、此處水急、每點鐘流六七迷魯、每迷魯合中國三里三欲退行已無及、余方一心摹繪江勢、二舟子失色相對、余笑謂曰、地雖危險、必無性命之憂、余言決無謬悞、舟子遂努力前進、遂自北至南、細細考察急流形勢、江循右岸、折而向東、岸旁有山、左岸上游突出一角、水勢冲激、回流至江心、成渠五六道、渠間有洲一線啣接、直近右岸、水甚急驟、聲若雷霆、浪蝕右岸沙土成爲甚濁之流、奔放入林、礬石樹根、俱遭衝坍、瀉積兩行如岸、一路深入、水沫望如銀海、惟巨石大樹、屹然不動、飛流激灌、淜湃有聲、此處舟急如箭、極意謹愼、不致碰成齏粉、且于深渠間繞過突出之角、耳爲之聾、目爲之眩、每點鐘舟行十至十一咪、盧法水手任余指點、測得深十邁、當片刻後、舟行于樹段之上、探得樹段以上、水深數邁、當見水面旋渦較少、已抵緩水、岸形漸可辨認、令舟子暫息、登岸觀看形勢、繪全畫稿、沿右岸順流而下、又遇急流數處、不甚危險、上溯時有六日之程、今順流只十二點鐘、已至桑抱爾、見自載余箱籠之柬埔治船欲往克臘氏而暫泊于此處、余資遣獨木船二號、與桑抱爾土酋話別、次日上所泊之船、行未幾、見有售饅頭大酒者、藉以充飢、可省船中之米、七月三十日、安抵斯登吞、特總辦于昨晚往西弓所造之屋、業已工竣、是屋在近市之支河口、隨行者與土人情熟、采辦甚易、支河口小林內、有古時葛美爾所建之塔、塔基分作兩格、每格上建一廟、圍牆內多坍毀之屋、門匡皆紅礪石造成、磚則燒透光潔、而石料甚粗、門笋不密、東埔治江右岸、亦有磚片與紅礪石之塔、恰與西弓河口相對、昔胡斯叨夫游歷記云、斯登吞昔爲王都、一千五百九十四年、潑里亞抱侖里刜、與其二子、被林拉肖那來攻破、勞乏克之後、遷都于斯登吞、文湘各王乘亂攻取斯登吞、遂以斯登吞與鄰近之邑歸暹羅管轄、然民間未肯認暹羅爲王、迄今仍稱斯登呑部、西弓河谷有村市散布、斯登呑雖距柬埔治不遠、只有來府商客及教士告爾田步月華倍來三人曾來游探、倍來死于一千八百五十二年、葬在江之右岸、此教士後迄無踵至者、訛傳斯登呑多疫、染者多死、邑有居民八百、皆南掌人、斯登呑部、沿江左岸、一帶綿綿、爲奔山及阿刀卜貿易之中路、在上游爲暹羅都之第一要地。阿刀卜昔產金沙甚多、今則已罄、野番部落甚夥、內有普隆斯一種、兇橫著名、居西弓四圍之山地、西弓河及安南大山、最多此種、此處貿易利權、秉之于中國閩商、大約由安南者、其進貨如梹榔核、木棉貨、及綢緞、糖、鹽、藥材、銅錫器皿之類、自奔山販出者、如荳蔻、火蔴、蠟漆、象牙、獸皮、鹿角、犀角、孔雀毛、各種草器、及野番巧製之木器、往往以貨相易、每年有定期裝運、因彼此銅錢來往不便、暹羅之氏噶爾錢、爲此處官錢、墨西哥銀錢甚少、另用一種扁銕之錢、形如梭式、中寬一寸、厚不及三分、長不及五寸、重約二百葛稜、每十枚値氏噶爾錢一枚、此錢重而不便、其銕產于東埔治國之當里羅、普較有王化處、銕價昂至八九倍、土人每以銕錢一枚、易鷄二隻、又上行過東埔治江之谷、抵巴

綳告格即上文本告格亦即曼谷二字之對音乃暹羅都城也

煞克烏旁兩處、另有一種錢、形如狗吐魚、長計六七桑的邁當、名曰拉脫、每二十四拉脫易氏噶爾一枚、此間南掌人之貿易未必勝于柬埔治人、若無中國人與之貿易、則幾與別處隔絕不通、惜柬埔治關稅甚重。以是華商亦不甚興起。方余等到斯登呑時、華商訴特總辦云、奔山關稅極重、以致南掌運來諸貨裹足不前、路途迢直、而關稅甚苛、不得不繞行綳告格、即曼谷之路蓋奔山關稅除十稅其一之外、又抽取其貨百分之二十分、而西弓河內、販買奴婢極爲便利、野番酋長、將年少男女換易銅器料器及火藥、華商遂以此等男女販

往奔山街市、南掌及柬埔治人販買奴婢、雖不如歐洲販買
尼格羅之苛虐、然亦開啓兵端、械鬥爭買、在阿刀卜僅值一
百或一百五十弗蘭之奴婢、運至奔山、可值五百弗蘭、
八月初五日、特總辦分探而回、計探得西弓極西之支流、西
有河離斯登呑不遠、卽分三大支、闊計八百邁當、一支自南
方來、經拉耽番之地、餘二支平行自東北來、特總辦曾暫息
于新硼、爲南掌小部之首邑、在斯登呑阿刀卜之間、距斯登
呑二百中里、總辦細察此間、稍加疎濬、定可通舟、在西弓第
一分支處、又見坍屋舊迹、當向部酋索曼谷函中所許夫船

以送至康島瀑布處、及抵康舟子時登岸、前站部酋已備夫船來迎、因此瀑布向爲舟行極險之處、故余等急欲往探、特總辦訪延諳熟地方之人、以便沿途測探、舟預算一路停息之地、及所需糧食、倘有缺乏、何法籌畫、其親訪古事政蹟及商務、往往博采羣說、折衷一是、稍有疑竇、與余等駁論不息、以求覈實、其時雨注如傾、一夕漲高一邁、當同行者均欲啓行、余自回桑抱爾之後、抱恙未愈、一月後方得辦事、

八月十四日午刻起程、同行六舟、循西弓順流而下、水行每點鐘三咪盧、未幾至東埔治江合流處、有岸洲吐出如舌、南

掌人名爲牛尾、又前行、舟子登左岸繂之、水方漲高幾與岸平、沿灘樹枝低亞、屢阻我舟、江水甚急、又不能放棹中流、暫泊一二點鐘、伐去樹枝、方得駛過、行二日、見兩岸淹沒、船有行入林中者、終難探測江面實形、

八月十五日、宿于孤山之頂、計高百五十邁當、南掌人稱爲高猛山、東埔治人稱爲耳眠山、是日遙見右岸山崗、距岸一千五百邁當、

次日、望康之小山、已近瀑布處、此間無民居、總辦每夕與嚮導人商議歇夜之處、議定後、余等競躍登岸、舟子繫船于樹、

同行者聚伐夕炊之柴、
八月十七日、抵康瀑布之下游、未見瀑布、先到平塢一片、寬
十五里、深一百三十尺、此界有羣島一簇、小島之頂隆起數
阜、水過羣島、釃分二十餘道、或斜注于塢、併合而流、塢西望
見右岸羣山高聳、山脚迤下、有巨石阻滯江流、既行至塢、遂
見下注各流、高低不一、水中白沫如簾如幕、或斜坦下趨、或
懸傾倒瀉、或綿長彎曲、急湍如河、此等處每能竭力通舟、其
分流終歲不同、間有涸者、內有兩渠飛瀑、最堪悅目、因水自
江干兩旁十五邁當高處下注、其衝瀉處、計長一記勞邁當、

水勢節節遇石飛激噴注、及至平流、計遠十三記勞邁當、其瀑布上游之江面忽然收束、只寬六七記勞邁當、將近瀑布、兩岸忽坦、江面寬至五十中里、旁多磐石、游觀者幾如夢境、隨處草木青葱、風景幽奇、瀑布下游、大魚甚多、及緩流處、多塘鵝（西名百里噶）及一切水鳥、隨波游戲、余等之船在康島及東邊各島之中、卸空行李、由陸路運往島北之鎮、有大船可以接運行李、此際特總辦等分作數路、以探瀑布近處各島、欲辨識各道之通否、總辦又上溯、斯唐島伯芬島中間之支流、此路水漲時可通舟、寬六十至八十邁當、有六七處難以駛行、須用人力涉水牽曳、水小時只有伯芬桑福尼斯杭三道支流、餘皆乾涸、特總辦往探斯杭瀑布、計高二邁當、特拉巴耳往探煞臘弗瀑布、在康島桑福尼之間、用繩曳船、以過康島來島之間、此時煞臘弗瀑布、計高十二至十五邁當、其下次爲礁石、分作數道、特拉巴耳又探意騷島康島間之瀑布、雖水小手前、而高至二十邁當、惟康島及斯唐島有居民、餘島皆密林遮蔽、據稱此間古時只有磐石、泥沙衝刷、漸成羣島、其氣候亦隨而改變、

八月二十五日、午刻、自康島起程、宿于潭島北邊、沿邊分列

數島、水漸平坦、島面草木、青翠娛目、自潭島盡處、望見江之右岸、約遠三十記勞邁、當余等行于潭島桑島間、幾如隱伏於亂石之中、舟行極遲、水流甚急、每點鐘約駛四五繩、傍晚時見兩岸島嶼漸高、船行于囊瓜島彭島之間、夜抵彭島廟側、繫舟宿焉、囊瓜與康大島（一名西宕唐）之間、水道甚窄、名曰康格、沿此岸有波羅密及花園民屋蟬聯一片、風景殊佳、山岡絡繹、飛泉百道、下灌艮田、其東有芒（即省城）晚四點鐘抵城沿水處有沙欄公廨、宿焉、與部酋衙署相對、部酋年八十、接待甚殷、耳已聾、從者持牌、以所聞書之于牌、以呈部酋、余等所

此即章程所云當里而巴河者也

請、輒肯應允、康島之民與西人相親、此地未遭兵燹、民多富足、不似斯登吞之常遭柬安兩國叛民及野番擄擾也、居民見同行者和靄可親、頻來觀看、余頗厭惡之、部酋既得余等禮物、即宣示于衆曰、菩薩生于法國、非生於我等無化之地、部酋贈我一牛以相報、康之地勢、較斯登吞更爲衝要熱鬧、華商之有恒產者、每娶土人之女、握商賈之權、凡斯登吞之土產、此地俱有、且多西宕唐島之絲、江左岸爲衝途、可自康以達東方野番之地、自康循右岸、皆柬埔治之當里羅普部境、今已屬于暹羅、此部昔甚富庶、內有水路亦曰當里羅普、

大清同治九年庚午

自屬暹轄、人民稀少、山間爲盜賊之藪、方余等宿夜時總辦
分探江右岸二鎭而宿于當里羅普河上游、南掌名此河曰
士朗波、此地爲柬國及安南藩部貿易要路。日後歸于法屬
頗爲有益。蓋一千八百七十年、暹人乘隙兼幷此地、未告我
法國也、湄江谷中之商務。以地勢論之大可恢廓。法國主族、
定可立于各瀑布之上。以保上游來貨。設法開濬以免水險。
使風氣漸可播諸內地。康之居民、約及一萬、四周多島、地勢
安穩、若疎通商稅、減輕關稅、大可與安南屬部相埒、康島華
商亦訴稱柬王收稅太重。與斯登呑商人異口同聲。特總辦

在康島南邊、得古蹟數處、係古時格美爾所建、雖冒雨覽勝、亦所甘心、余等駐足于左岸、對岸高岡、林木密蔽、山水淸幽、居人漸相親暱、余等亦學土白交往、頗爲便利、余等濡遲于此、而不進江谷之上股、因守取駐安總督之憑照、故須乾燥之處住宿靜候、總辦擬于棑沙格與康格擇一處住宿、又思棑沙格爲康部北境交界首邑、而循江岸距康格二百里、故數日後、卽擬移駐棑沙格、因此邑更爲緊要、可以分投游探也、

九月初六日、同往棑沙格、康格而上、合爲一支、江寬一千二

百至一千五百邁、當康興康格間之磐石樹叢、至此漸盡、兩岸居民甚多、田疇開墾、隨處可以停留、所帶舟子皆南掌人、時慮其竊取居民物件、舟子云、前載暹羅官在此、沿途可以攘取、余等答云、我法人與暹人不同、此處兩岸之山向北漸高、自康起程之第二日、行過兩山成環之洞、

九月十一日、早九點鐘、抵排沙格、排沙格在右岸大石之脚、此山爲下南掌第四大山、矗立江面如馬、沿左岸占地甚寬而圓、連至右岸、又起兩峯、峯內有一峯、土人名曰付排沙格、頂圓而高、環過鎮西、山下小阜叢列、排沙格之北、兩岸高原南

盡處峭削如壁、右岸大山從此發脈、此岡盡處亦甚巉直、名曰付毛朗、爲叢山最高處、其峯特出于諸峯間、晴爽時在康島北角、相距二百五十里尚見此峯、排沙格之東埔治江、被唐宕大島分爲大小二支、此島循左岸綿亘、下濬一河、寬四百邁、當流至排沙格前、河面漸寬、至二記勞邁、當其東北兼東、有左岸高山之火峰、形如鋸齒、其南有圓峰高聳、余等登峰觀望、而以總辦名名之曰特拉格來峰、江之風景、山之氣象、爲東埔治山谷最幽勝處、氣候亦宜人、付排沙格之盛夏時、不似安南之炎熱、雖北緯僅十五度、而正月晨間間有寒暑表在十二與十四度、我西人久居熱帶、遇此氣候、頗覺相宜、鎮前一片汪洋、涼風徐拂、爽氣襲人、洵爲下南掌最勝之地、而法人尤宜早思立足、及今須先建養病院于此、以令安南屬部之西人、常可往來游息也、

信宿於排沙格以分探斯登呑阿刀卜及西弓山谷之野番部、抵排沙格之第二日、特總辦帶隨員三人、伴兵三人、衣冠佩刀往謁部酋、此部酋雖屬暹轄、而仍留王號、年約三十、胆量小而容貌不凡、特總辦昔與暹將肖工答拉立保護柬國之約、我法國頗占便益、是以柬埔治邊之暹屬部酋、莫不欽佩特總辦、排沙格王尤爲親暱、接待甚恭、令余等住江岸之大沙欄、與王宮相對、總辦請排王另造一屋以住從人、次日遵即興工、

九月十六日、排王答拜總辦、總辦先贈以手槍二、王以二猪

及土物數品報之、見余等軍器、極口稱贊、面許舟楫運夫及所需物件、俱可應命、其意雖甚美、而苦雨八日、不能出戶、只能坐玩、黃水漸漲、兩岸坍瀉、樹枝隨流漂蕩而已、

九月二十日、雨止、江水漲足、余等取樹幹揷江中以驗水勢、沿江村市、無不淹沒、其水由二支河溢于內地、潴爲一湖、湖之四圍有樹木數簇、非棹舟不能通行、山麓之牧者俱俟水涸放牛、余等擬先探山路、凡同行中精於植物學地學繪學及考古之學者、偕往山中、九月二十日、抵瓦脫夫、即古蹟之總會處也、此地在排沙格西南七八記勞邁當、景象極佳、洵

爲勝地、拼沙格高峯下多紅礪石、有溪一道、長六百邁當、寬二百邁當、岸旁有格美爾寺之大門、名曰士拉、兩岸密林庇護山麓、西有石塘長二三百邁當、塘邊多尖頂石柱、以爲飾觀、高低隨地勢起伏、或成梯級、其盡處級甚高、劖約有一百五十級、兩岸多石像、梯級之上有廟、形如十字、似盎高爾之廟、廟門石刻甚工、穹頂長二千邁當、前有石闌、其廟貌同于白喇嘛廟、首座者曰麻哈代瓦一名西瓦、旁座者曰緋格奴白喇麻隄下左右有方石坊兩座、每長四十邁當、石柱甚密、其石隄一面之柱、皆紅礪石斲成、此等工作、似格美耳盛時未成之居室、石隄南邊又有石柱南北排列、又南一記勞邁當、林中有廟、高聳、石路可通、向南尚多遺蹟、未經往探、據特總辦云、此等工程、約在西歷一千年、盎高爾始衰之時、今之土人、皆非建造之裔、故不能道其詳細、瓦脫夫建造位置、選擇極當、登其廟之高樹、可望平原及大江之景、計高于水面三百餘尺、排沙格山中可游覽極多、舒裴尋得銅礦、已有土人開挖、山旁有枯煤及煤炭之塲、到來爾察得有野蠶生于樹中、土人取以織綢、鎮北有付庚忙山、山南有梯級、側面聳削難躋、幸有短樹、以手攀緣而上、山之上段爲野獸巢穴、其排沙格鎮、有廟十五所、內有皇廟一所、與王宮相近、鎮之南盡處、有著名之郎焦王墓、土人稱爲瓦打、春秋祭獻甚虔、其餘徶處磚廟、大半坍毀、皆記載古時大吏之功、此間草木、皆與熱帶相同、古木彫徶、儼然舊都氣象、

九月二十三日、黃袍僧百人手捧果品聚會于此、次日王照例給發每僧新袍一領、特總辦乘機贈王銅燈籤一對、王分捨于二大寺、其時水涸地乾、擬探山谷之地、總辦令余考察士唐河下游、爲江左岸之大支流、其合流處距排沙格鎮不遠、此河盤繞火峰之北脚、余與到來爾仝往、又令法水手助

余傳語、
十月初三日早七點鐘坐小舟溯宕大島之上游、水合一支
河、底多沙積礁石、寬三四記勞邁當、漸近付毛朗山北盡處
之大峰、乍見山脚似阻截前路、又向前行、見江勢實環抱山
脚之半、一岸有大石隔絕、一岸以低岡爲限、此低岡爲左岸
山脈之盡處、江面忽寬五六百邁當、深四五十邁當、地面景
象亦驟然改觀、不見淸流密樹及民屋參差、而但見亂礁錯
雜、黑水急注于石壁、忽流忽止而已、付毛朗收束江流如咽
喉、僅寬一記勞邁當、已過二百邁當之付煞老小山、江流向

東、左面見土唐河口。河口下游有火焰小峰、形狀甚奇、晚五
點、鐘駛入河口。河面寬窄停勻、計二百邁、當其轉折處如巴
黎之衰那河、水流甚緩、而舟可速行、泊于左岸小村、已暮色
蒼黃矣、伴送者報知官長并采辦雜物、余等與僧人·手示問
答、土人觀者甚衆、詢余洋槍用法、余等贈以微物、如刀針畫
像之類、次早舟探、水勢漸退、見沙石微露、攏岸緩行、無數鱷
魚在岸間迎日、孔雀亦彳亍其間、行三十記勞邁、當抵少勞
年鎮、時已近暮、爲象足裝卸貨物之埠、已近極大之瀑布、特
總辦囑余細加考訂、果否阻滯行舟、土唐河岸、一、路平坦、至

此漸有高低少勞年左右小岡起伏如浪、左岸綿亘多灰色之山、山外野番出沒、有數番與余等偕行、至少勞年商人之寺廟、所販多苧麻及皮貨、山西麓曾有銀礦、余與法水手及通事詳探礦脈、南掌伴送差弁欲引余等至番村以觀銀礦、余等擬先探瀑布、再往番村、前行不遠、河分兩汊、

十月初五日、晨進西汊、爲七尺高之瀑布相阻、瀑布兩岸有大磐石、遂登舟探島北之水源、時方卓午、風景可人、士唐河從北來、島之銳石、劈分其流成爲瀑布、其東汊自五十尺處下注、被怪奇大石、釃分數道、灌入河塢、十月初五日、自士唐

順流而下、至彭雙鎭、距河口三十中里、余等宿芒康之廨、芒康者、排沙格第三等酋之公廨、酋雖公出、而囑將象疋伺候余等、次日備象往探東麓之銀礦、有二小象隨行、行過平原一片多石不毛、前路山岡起伏、遙聞水聲、有水橫阻、僅深一邁、當而流勢甚急、小象不敢渡、象母以鼻挈之而行、旋進平原之林中、象性極靈、騎者畧爲指揮、左右宜人、喜食路旁竹笋、路勢漸高、且有巉削之處、象則從容登陟、豪無畏葸、遇見野番引象數疋以載中國之麻、持弓以射飛禽、見數處林木曾被火焚、熟田有大柵圍之、以防野獸蹂躪、行三點鐘時、又過平原、林木大半被焚、熟田中偶有牧場、知漸近野番之卡倫、四圍山峰林立、遠近參差、晚五點半鐘過小庄、有居民十餘處、南掌人名之曰伯冬、據排沙格差弁云、前溪有礦、及余等次日往探、不得其處、

十月初九日、仍退至彭雙鎭、下午又行、將回排沙格鎭、一路風景大異來時、水退五邁、當低窪地俱已涸露、兩岸爲淤泥培肥、遍植烟草木棉桑樹及一切蔬菜、漁舟來往甚多、鄉閒稻熟、支搭草棚以備積儲、或裝配牛車以備運載、特總辦與王及酋長交好日密。總辦與論柬王國勢、苟歸法國庇護、於

意云何。王極願脫暹王之覊約、官民莫不追念屬柬之時、境內平靜。自屬暹後。境多盜賊。時方循例賽會、土人名曰嗅俺雙、譯言燈會、所以酧謝江神、暹都勸令排沙格王每年於賽會時。親至廟中立臣服暹羅之誓。居民聚觀、舉國若狂、余等本住于河濱沙欄、因王欲來觀賽會之船、余等遷于近處之廣屋、宇亦極安適、遷定後、排王來謁、意欲余等備帶軍器入廟、伴送立誓以壯其威。且令暹人知王與法國交好也。

十月二十四日、為賽會第一日、其邊邑之南掌人及野番、俱已聚集、民間饋送拜賀、來往擁擠、夜宴必歌舞、江干烟火極

盛、
二十五日、王入廟立誓、僧扮暹羅王南面坐、排王北面跪誓、願聽命、僧遂祝禱江水有利于居民、宜虔心賽祝、余等伴送演鎗、衆皆驚服、王頗色喜、是日王適生子、第三日居民歡呼、甚爲快樂、江中獨木舟大者長二十八邁、當槳手六七十人、各以旗幟分別村鎮、互相鬥勝、此際有演戲者、戴假面跳唱、槳手曼聲相答、更爲奮勇、其尤可異者、野番面如銅色、以布幅兜其胯下、第四日、各酋及番長來寓請謁、特總辦、正可訪問政務民情、爲極便機會、十月二十八日、再懸燈彩、施放烟火、以畢賽會之期、歐洲所造烟火雖佳、而難得此江景佳處、余等宿排沙格已及兩禮拜、一因雨阻、一因帥岡憑照未到、以致稽遲、是時雨季已過、通事亞來克擬回柬埔治、特總辦遂派彼隨余迎帥岡憑照之船、大約斯登吞左近可遇此船、總辦囑余苟無緊要須探之處、只可守候于斯登吞、既遇此船、即修函令法水手帶往奔山、一面仍回排沙格、特總辦將覆探余所到之土唐河、取道于左岸火山比脚、以考察阿刀卜鎮、然後繞山南而回、排沙格、留到來爾于庽、

十一月初二日余帶法水手及不能行走之安南兵一名行三日抵康格部酋接待甚恭

初五日余另由別路抵康島沙欄

初六日余竟日步行察看左近瀑布水漲時各道冲激之渠今皆乾涸可以徒行其賽會之船直至康島之鎮居民入廟齋獻歡聲四起余向康酋索一小舟以探各段急流

初七日午刻自康起程

次日十一點鐘抵斯登吞帥岡船尚無音耗聞布岡卜叛臣勢甚猖獗阻截下游各路其黨俱駐於兩岸欲直抵斯登吞

雞那即金雞納治瘧此藥出西洋

以追余等探路之人及聞余等已行是以中止此時斯登吞部酋頗有驚色促予速行且云近處野番及叛民搧動境內南掌之民四處刦掠君若少留恐遭不測余知部酋患瘧遂令服雞那次日稍愈遂與部酋商往奔山部酋極力阻云如遇不測誰執其咎且商船不肯前往君能自雇一舟當卽派人伴送前數日有探報云特總辦贈手槍之桑抱爾部酋已被畔民殺害不如派通事阿來克前往較爲妥當云云余遂遣派阿來克往奔山且函知帥岡俾知中途阻梗不能迎憑照之船幷囑阿來克須仍回奔山余擬往探阿刀卜河極南

之支名曰士襄河、方在束裝時、忽聞叛民已焚刼士襄之鎮、部酋遂力勸仍回排沙格、

十一月十二日、起程回排沙格、一路繪畢斯登呑及瀑布間之江圖、此段洲島甚多、若欲布置不遺、頗費時日、自斯登呑往康格之中段、水流于江岸及礬石之間、惟前日行過正在水漲、未明深流所在耳、此地不但距安南蕃部甚近、且沿岸易于開鑿石料、想帥閫執政亦宜留意于此、白盤石左近多礁石沙灘、江面甚寬、沿江大樹、根已漂拔、葉染淤泥、坍壞樹段極多、見之者必疑常有颶風、豈知皆急湍所衝、隨處有坍

瀉毀敗之象、而實則汙泥所到、盡成膏腴、遙望岸內、遍是熟田、水自金沙流過、繞出沙洲之旁、羣猿聚于岸樹、來往啼躍、水邊多麋鹿野牛、又有孔雀羣聚于濃陰之內、沙磧上時有鱷魚張吻迎日、水鳥飛鳴上下、物產之富、風景之佳、洵筆舌所難罄、自斯登呑至瀑布一段、沿江多深密之林、新境娛目、清音悅耳、風過沿濠之樹、如海浪怒號、令人警醒、時聞林間象吼、羣壑响應、蟲鳥飛鳴、千態萬狀、尤非歐洲所可比並、及山銜落日、躑躅而回、每深林轉折、倏見朽樹聳立、駭人魂魄、方余已抵瀑布、仍促舟子前進、伯芬舟子不從、勸余勿過左岸及士唐間之小島、遙望小島北角、見有水沫、且聞倒瀉之聲、及次日余回康格舍排沙格直路而另行康格西邊之折流處、以便考察右岸、遂放舟于外盎剛河、此河濬于康格島囊瓜島之間、寬十邁當至十五邁當、多雨之季河水西流、晴季則東流、余駐足于柬埔噶襄、爲柬國當里羅普部右岸之一鎮、此郭中今無庶富之鎮、以丁册考之、通部只有四百柬民、餘皆歸依斯種人、自江岸攻入內地、歧路甚多、或達柬埔帥、或達噶格、或達盎高爾、聞柬埔湯河一名斯登襄之上游、不能通舟、遂仍由柬埔噶襄溯當里羅普河上游以抵唐格毛島之西盡處，而過唐亨唐瓜兩島以回康格，此一帶皆有居民，田多墾種，其康格與右岸囊瓜之間多礁石，難以上溯，水退時更淺，當里羅普河口之北，江水亦淺，余考察康格及排沙格間之唐袞羣島東有火山之拉瓦水流至江灘，成無數洲磧羣島，右岸卽方幅山，卽古時之火山，其方幅山地塌之末數層，流至江中，收束水道，故流窄而急，最窄處深二十五邁當，

二十三日，余回排沙格特總辦尚未回寓，同行之法國人在鎭犯事，特拉巴原克與排沙格王商定，以銕鍊拘禁，擬遣回

安南蕃部、
十二月初四日、特總辦等探明阿刀卜而回、方總辦帶通事及從人三名、乘船上溯士唐河口、又抵少勞年鎮、此即十月中旬余所探處、今士唐河水退甚低、其庚餃庚少洛兩急流、余過時不阻行舟、總辦過時、大爲所阻、庚少洛在少勞年之下游不遠、舟子下水曳舟于磐石矮樹之間、特總辦等登左岸行、及士唐瀑布處、總辦謂此等瀑布尚可通舟、令縴舟行三四百邁、當至左岸小島、
十二月初七日、總辦等自彭庚方開行、是爲士唐右岸瀑布

上游之大鎮、溯流而上、河寬二百邁當、水流極緩、直至康當年一帶俱深八邁當或十邁當、康當年爲暹屬一部之首城、初八日、總辦在此暫息、自庚方至康當年兩岸有民居、田中皆種木棉烟葉、彭庚廣爲排沙格界上之鎮、右面見有庚牛杭山之數峯、行至康當年、土人已備住宿之處、其部酋年老誠篤、見暹羅路照、遂代雇夫船、總辦又接見文湘王族數人、此數人係暹羅不令回國、故以康當年爲家、過康當年、河面漸窄、水深流緩、總辦暫息于芒剛、爲康當年部之首邑、十一月初十日、見土唐河爲庚噶對所阻、欲渡此急流、須將

船中卸空上游數里有靴杭鎭在康當年境而實歸排沙格管轄商賈多南掌人初十日宿于芒煞巴亦屬康當年管轄此處河闊八十邁當

十一日早抵士米阿乃噶麻拉小部而爲柬埔江右岸衝要之埠過此不能通舟矣總辦等步行左岸抵庚臘伊鎭近鎭處有瀑布高約三十尺其水衝入士唐河曲折極多瀉注甚急有離河之直路經過草萊平地可抵沙拉方鎭總辦等由此步行行李以象疋載之地漸荒野間有零星熟田皆野番所墾屢見守田之番匿于山穴以避野獸此路甚窄但可步

行、不容車軌、士米阿沙拉方間、只有一南掌之彭氏哥鎖爲兩省之界、

十三日、總辦抵沙拉方係在士唐左岸、市廛極盛、爲左近番人販運藝工之處、居室安適、廟宇端整、已建成二屋、備我游歷人居住、長官屢探余等何時可到、蓋恐如暹羅官出境、尤帶多人也、

十四日、總辦息于沙拉方、部酋來謁、並詢姓名官職、相待甚殷、次日飭馴象六疋、護兵二十人、以供應用、行過沙拉方路出叢林間、士唐河收束甚窄、環遶石山、其谷甚高、左右皆山、

晨間寒暑表僅十三四度、慣居熱帶之人、到此甚覺寒冷、
十七日、總辦離土唐河、其河灌入山中、僅寬十邁當、行未幾、
過土唐西弓兩河分流之處、林間路逕荒窄、多亂石高低不
一、象行甚緩、所見小溪甚多、皆流入西弓河、傍晚息于西弓
河支流之岸、此處西弓河寬一百邁當、以外、其所繞之谷低
于土唐河之谷、寒暑表十四五度、據南掌運夫云、初次所宿
阿刀卜荒野、兇獸極多、甚爲危險、今夕宿處、宜先立祭壇、獻
神祈佑、且宜多焚火把以資防護、沿西弓河二日後始見民
居及雇舟之處、在彭古庚下船處、西弓河寬百五十邁當、每

卜文章程云接通斯發吞阿刀巴之河亦名阿万巴

點鐘流三四米魯、
二十日、經過左岸士淖伊河口、此河爲沙拉方阿刀卜兩部之分界、總辦在彭古庚邏暹酋巡閱而回、此時暹國派至下南掌之酋甚多、巡視地方、兼爲暹王行商販運象牙及蠟以易歐洲之棉貨、暹酋告總辦云、奉命稽查法人沿途所行之事、及饋送土酋之物、總辦答云、余等所到、居民無不喜悅、
二十一日、晚抵阿刀卜西弓河、至此灌于付留盎山脚、兩岸不甚高、漲落四五邁當、寬三四邁當、每點鐘流二米魯、阿刀卜在西弓河西格芭合流處、左近多蕃村、俱老狒、狟、蘇格、三

邦所轄，老狒轄者，似卽普隆斯，白老斯，脫豐斯，總辦到城南西弓河左岸之番村，周有木栅，栅門懸以竹牌，有屋七八十所，銜接如偃月，屋形長方，大小一律，寬十尺，屋外有廊，其式與南掌相同，其人壯健，鼻直額廣，勝于南掌，手帶銅鐲，項掛料珠，耳貫木針，大約普隆斯爲馬六甲而拉談香姆二種之裔，非獞，蘇格，巴格爾，同類，新綳之東北兼北，有付彭肯伊山中普隆斯自主之邦，康當年沙拉方阿刀卜之間，有薄老文耶烘狺數種，散布居住，南掌人統稱之曰噶斯，安南人統稱之曰毛依斯，柬人統稱之曰綳囊斯，南掌人雖視爲不多，寔多于南掌人、而却受南掌羈縻、此種人作工勤敏、身體靈捷、藝作農務俱爲專門、其所製之物、精細勝于他處、大約無政治教化、以致受人管轄、大半爲羌巴各小國所遺之民、阿刀卜部内入册之南掌人、僅有一千、番人之納丁稅者計八千、若令未入册者統計之、南掌人有六千、番人有三萬六千、昔有南掌僧煽惑番人合境謀畔、大掠阿刀卜沙拉方拼沙格等部、久而始平、阿刀卜以東、柬安兩國之間、有番人自主之邦、南掌人統名曰噶士噶特一名曰噶士海海者、南掌兇賤之稱、每不許與外人交涉、西弓河之谷、今已無柬埔治民、一千七百年間烏士刀甫記載云、此間尚有東人、今此處番人、僅留柬埔言語數句、新綳阿刀卜間、略有格美爾之遺蹟、阿刀卜部番人納稅于暹國、以金砂爲稅、此金砂產于西弓河、皆番人所淘取、南掌人納稅于暹國、則取資于貨、當烏士刀甫游歷時、阿刀卜爲那末淖依地、納稅金于南掌王、重六記勞邁稜、約值二萬法蘭、此後漸增歲幣、當水退收穫之後、番人絜宿江中沙洲者八九十日、以淘金砂、每人每日可約五六十生次、（約英洋半元）若能在各河之源淘取、必更倍蓰、惟山中野番不許外人入山、深爲可惜耳、阿刀卜爲販買奴婢之總埠、特總辦到此、番人見之皆畏避、其販奴之罪應歸南掌人、特總辦深惡西弓谷中之土酋、言語不信、行事無當、在阿刀卜時土酋欲令總辦由康格部歸排沙格、總辦五日以威脅之、方能選取近路、又一日、總辦患瘧、從者不安、聞阿刀卜貿易雖興、而人無久住者、因氣候不甚宜人也、見有緬甸人販賣寶石及歐洲之料器以易此處五色之布、

二十八日、自阿刀卜起程、舟循西弓河至苔巴格河、寬一百五十邁當、兩岸甚高、據土人云、水漲時高于水退時十二邁當、總辦等離西弓河而行、排沙格西之直路、若仍循西弓河

則有二水路可行、一起于庚移、一起于新綳、只須二日、俱達康格新綳、一路河岸叉便車行、土人云此路計長一千九百生、每生合三十八邁當、其時備象七、南掌人十五、番人四十三、因風聞林中多盜、故備帶從人也、

三十日、過士綳河、河與西弓相似、寬一百邁當、深一邁當、當多雨之季、水急不能通舟、在庚移以上不遠、合于西弓河、次日繞過斯剛福河、即士綳之支流也、亦可通至灰嘎、灰嘎譯言鹽河、水涸時番人往河底取鹽、斯剛福河寬六十或八十邁當、旱時僅深半邁當、灰嘎寬三四十邁當、斯剛福河爲河

刀卜排沙格兩部分界、斯剛福第二層地塥皆多竅之石、清水縷縷洸出、有米爾多斯樹與竹竿同生於河岸、

十二月初四日、特總辦到大島對面之江岸同行者繞東江而抵排沙格游探此大石山、凡有一月之久、此山接連安南大江、其末支之分脈、連至東埔江右岸、所占左岸之地、逕六十米疊、西北兩麓、皆士唐河及東埔江所灌、東麓爲西弓河所灌、其旁出之山脅、圍抱大谷、據云、谷中絕無居人、由外觀之、多古時火山之迹、今爲多水不毛、或似水似石之乾地、定爲古時之拉瓦流質、總辦既回、余遂訴以東都有亂、安南屬

部音信難通、總辦聞之、不但慮憑照難到、且雇船等事諸多未便、天晴已久、尚難啓行、或慮日後爲難、方議專派人往安南催取憑照、

十六日、阿來克通事亦回排沙格、因水路阻、不能回東、特總辦欲令取大江西路而往奔山、以繞避排沙格昂高爾等地、此西路皆暹國所轄、總辦料昂高爾奔山間之江道、必未遭叛民阻截、阿來克已到奔山、須請駐柬之法公使、速將安南寄來之憑照箱籠、仍由西路而回、既遣通事之後、余等擬往烏旁、爲南掌一小國之都、而今屬暹國、亦與排沙格同類、城

建于東江右岸之士蒙河口、士蒙發源于告臘城、告臘爲暹國一勝地、欲往烏旁、必上湖東江三日、又溯士蒙河三日、

初七日、總辦請排王代雇比老格船、（即獨木之舟）此時士蒙河中、船小而多、難通大舟、貿易甚盛、排王方欲由告臘往曼谷、適有暹酋過此、

十八日、烏旁王之弟欲至康格、亦過此、俱向排王索舟、王因一時不得多舟、勸余等耐心等候、且詢余等河寬山高如何布算、洋槍如何施用、以備答暹王之問也、余等將排沙格左近地圖、請轉呈暹王、排王欣然受之、余等靜候無事、遂游獵

于村間、並學士人言語、兼考地理形勢、孔雀甚多、民間婚喪之事甚喧閙、並觀其判斷罪犯、頗可考訂其風俗政治、且余等撰述日記、皆成于排沙格閒暇之時、

詳論排沙格奔山間湄江左近商務

排沙格爲二商路相接處、此二路分于南掌之南境、一自江道達奔山、一自陸路達烏旁告臘以達曼谷、其奔山所用之比老格船可載二頓或二頓半、欲裝鬆大之貨、則船旁加以欄杆、又有竹船、土名而拉、獨似船似簰、間有大者、長二十六邁當、寬七邁當、可載二十頓、因排沙格奔山之間、小舟尚可通行、故康瀑布猶未爲最險之處、若加疏濬、當可駛行無阻、其左岸山中各番邦之貨、爲排沙格阿刀卜斯登吞康格等處、各貨之大宗販入番邦者、木棉烟葉靛靑、其出貨則金沙、中國麻、象牙、蠟、雜種荳蔻、犀角、孔雀毛、野獸皮骨、此等貨在中國最爲尊貴、故可獲重利、南掌所用之刀、錢名今用以交易、每百分可得利七十五分、奔山檳榔、每斤值英洋三角五尖、運至斯登吞可易蠟一斤、約值英洋七角五分、此等皆售諸曼谷、若能設法由安南屬部販運、不由江道而由烏旁、則路近費省、獲利必多、然先須勸禁柬王重征南掌貨稅、又須與暹王商定、飭令禁止販奴、但許征收應得之稅、既修舊有之路、又加闢新路以通商賈、而行船之用仍不致廢、其禁止販奴爲最要之事、寔可爲我法國之大美政。且使居民各知恩義安分度日則愛戴之忱自可淪浹肌膚矣且另所謂新路者係從帥岡至斯登呑多沙多林之處作一汽車之路以載歐洲輕貴之貨免致船運稽遲易于水漬又用小輪船自斯登呑之西弓河以達新綳康格及東江上谷及阿刀卜等處金銀鉛礦以旁及叢林之北邊東邊且輪船上溯可沿途設埠以遍通草轍之路而本地之貨仍由江道順流而下且沿江所產巨木白石一切重務仍用舟楫竹牌則排沙格一帶船隻仍不清淡凡由水路上溯惟十一月時水退數邁當可往排沙格以資互換而訂下期之貨除前說斯登呑所售之

物外、南掌人又愛雜貨銅錫器肥皂棉貨、番人又愛銅絲料件火葯、向例貿易以官吏居間、必饋以禮、諸貨均經官吏及華商之手、其價定之于華商、是宜徐徐化其積習、得以面同交易、則更便益、當里羅普部所產之鉄、必經歐洲工作烹鍊、礦脈富饒、路道易通、排沙格之銅礦、阿刀卜之金砂、如法采之、獲利必多、其農人亦可增種桑葉、烟草、木棉、惟惜未經算准、排沙格斯登吞康格新綳沙拉方阿刀卜等部之南掌民數、大約有十萬之衆、而當里羅普有五萬、然其積地有七萬四千方記勞邁、當約居法國全境十分之八、則以積地論之、

西輶日記云緬甸舊分三國曰阿瓦曰阿拉干曰祕古此丕果即祕古之對音也今無此國而仍有此部落之名

其民應不止此數、華人、安南人頗可到此開墾工作、若歐洲人能與土人交易而不經官吏、則更爲便宜、細察土人誠篤馴良、若于排沙格設官駐守以理民情、則民皆有所禀承、排沙格之地、氣候宜人、每年有華人徙居帥岡、若引之徙此、想亦甚願、其從來之華人、本與西人爲親友、且擅長貿易、若再免奔山重稅、有此數便、洵我安南屬部興起之機也、且曼谷奔山間之商務、亦可因此更盛、此一帶向有華人娶土人之女、散處墾種、近十年來、有丕果販客徙居于此、與華人交往甚熟、亦有娶土女而久居于此者、排沙格相近有土字二十餘處、爲丕果人所造、英國棉貨皆丕果人自摩而們販來、今柬埔治谷內商賈往來、尚無輪船、因瀑布之阻、無法可施、康島與克拉氏間、雖設法濬深、旁築隄岸、猶恐水小時太淺、即水漲時、亦惟大力汽機、方能溯過急流、且洲島形式相同、無可識別、水高石伏、更難辨明水線、余此次考察形勢、但能于水漲時水退時繪寫情形、尚未得其確切、且順流而下、一瀉千里、尤爲危險、苟水線辨識不清、一經觸沉、即難補救矣、若欲終年可以通舟、則須於退涸時、逐細測量、密作標記、以免危險、克拉氏瀑布、一帶江道、若不細測、斷難通舟、宜及時謀之、南北塢水面高低有二十邁當、自康格至排沙格以接土蒙河口、長九十米盧、易于通舟、過此則屢有急流、不便駛行矣、十二月初五日、排沙格水落至九邁當、每杪時約流一邁當、計每杪時、流過九千立方邁當、其水于九月二十日漲足、計漲五萬立方邁當、余等在排沙格啓行時、已退三邁當、計每杪流過二三千立方邁當、然排沙格係阿刀卜當里羅普合流之上游、若阿刀卜河水漲時、約居斯登吞江十分之四、則知漲足時奔山一帶東江、每杪水過六七萬立方邁當、准特拉巴爾脫在排沙格以北二度、測奔山退足之水、每杪行

一千三百五十立方邁當、則老勤所算伊拉烏氏江口漲落
二千一百立方邁當、庚士河口雨季漲落十六萬七千立方
邁當、法都巴黎之賽那江漲落一百五十立方邁當、俱可與
此比較、欲知江中每日漲落之數、必數年考驗、方能確寔、克
拉氏及奔山之間漲落十邁當有奇、康之上下亦與彷彿、今
再列表以明之、

	排沙格	康格	康	斯登呑
一千八百六十六年九月二十日水退	極低	仝	仝	仝
又　十月十四日水退	五邁當八	仝	仝	仝
又　十一月初三日水退	七邁當.二	四邁當	十分邁當之六	六邁當一五
又　十一月十八日水退	八邁當○八	五邁當	十分邁當之八	七邁當一
又　十二月初一日水退	八邁當八	仝	仝	仝

由表觀之、江之下塢、水退尤緩、是雨水更多之故、愈近瀑布、愈難測其高低、排沙格與瀑布間漲足時與退足時高低十二邁當、因江水之流、較速於他處也、

文湘即南掌國都

柬埔治以北探路記卷三

目錄

由排沙格復往南掌都城

十二月二十五日、備舟啟行、一面令通事阿來克西司往奔山令將安南之憑照船引至昂高爾、余擬既到烏旁、即往昂高爾親取憑照、余等居排沙格三月、一旦遠離、土人無不殷惜別、王亦有惓戀之情、且二醫士診治土人、均得痊愈、其本地之儈醫、亦自愧弗如、以是臨別時送行甚衆、數禮拜後、寒暑表十度奇、南掌人皆蒙被畏寒、

十二月二十六日、過毛梛山之隘流、

二十七日、終日行爍勞山旁、此小山北麓、即夢高平原、爲古

時排沙格王之舊都。今宮殿遺址猶存、過此見江中數島高島邊有石礁接連右岸、舟過時、石礁恰齊水面、其江勢向北偏東三十五度、船循右岸駛行、遙見高山矗列、
至二十九日、始抵此高山、坡如階級、右岸有發宕山孤立、令江水自北折西、兩岸皆山、相距二百邁當、探至七十邁當、尚未到底、過此險流、即士蒙河口、河從西南來、江漸向北、其合流處有孛格蒙鎮、自士蒙合流至烏旁左近、一路多急流、其最大者距士蒙河口十記勞邁當、烏旁、排沙格兩邦之分界在此。左岸距急流不遠、余等登岸用力助曳空船以過石礁

此下爲同治六年西人之正月

十二月三十一日、午刻至晚僅曳過一記勞邁當、

正月初一日、又曳一日、兩岸曠野、多剪伐之林、時見虎鹿象及箭猪之足跡、舒裴倏入林中獲兎而囘、可供元旦之饌、江岸有紅礪石一片矗立、余等刋刻游歷年月于石、從前未有西國人來此、

初三日、抵河岸之北、比蒙鎭有急流不能渡舟、須俟烏旁另雇舟來、排沙格之山脈盡于此處、右岸向西、即一片平原、浩無邊際、又見士蒙河及支流所灌之高原、向北綿亘、直接文湘、其西直抵告臘、其東抵安南大江之岸、自河口來一路急

流、形如梯級、連接此高平原、而灌于湄江之下谷、高原之北東西三面皆有高山圍繞、其南則爲昂高爾河、余欲攷其毗連柬埔平原之處、遂從此蒙前行、河道無阻、水緩岸直、河面寬窄、均勻、約三四百邁當、有數處似人工開濬所成、初五日、過士唐河口、流水甚旺、發脈于排沙格山、兩岸多陷地、南掌人名之曰蓬、

初七日、抵烏旁部、酋仍稱王號、與排沙格相同、乃文湘王世子、幼時曾學仕于暹都、頗有才幹、應酬極廣、王告余云、排沙格王已召至暹都查問虛冒之罪、余等訪之、知烏旁王欲荐

親戚奪排王之位、故懟排王于暹王、其款待余等不卑不抗、足見久居暹都、熟悉洋情、彼此意誼甚洽、烏旁爲一路所歷最盛處、士蒙河左右、有數處如門獸場之底、中國式之廟宇數處、市廛極多、人烟稠密、湄江中谷應販往暹都之貨、息肩于此、余未攷其左近之地、卽奉總辦派往昂高爾、因聞阿來克已至昂高爾、計可遇見憑照之船也、余臨行時告明總辦、如不遇此船、余將自往奔山、此際總辦由陸路往格馬蘭、卽東江邊孛格蒙部之首邑也、特拉巴爾脫將獨循士蒙河而下、亦由格馬蘭以考湄江、未深明處、從格馬蘭聚集後、再溯

湄江而上以待余回、

初十日、余遂帶削耳卜尼及水師兵而郎特、水手爾淖、又安南人一名、以爲傳令、再溯士蒙河而上、計行三日、見烏旁以上之士蒙河繞過平原、爲極寬之牧塲、大樹簇簇高聳、間有沙堆隆起、支流甚紛、平原上村鎮亦多、隨處有野燒之迹、水道易于轉運、陸路亦逕直易行、直抵右岸之生瑯河口、見有數處漁庄、

正月十四日、至南掌之西煞格部城、距生瑯河口不遠、余遣囘烏旁伴送之人、向土官索牛車四乘、取陸路而至昂高爾、

牛車甚輕捷、土人名此牛曰奔跑牛、有中國及丕果之行商、宿于曠野、以車圍繞如城、丕果人示余以暹都英領事之路費、此等商人已周歷南掌之大半、余向採取地理情形、頗爲有益、以禮物贈、余却之、託余轉懇暹都法領事保護此等商人、雖予以無用之西國字紙。亦可隨處照驗關卡無阻。昔余等在烏旁時、有緬甸商持無用西字、冒稱英國子民、滋生事端、烏王與特總辦商議懲治之、特總辦謂烏王曰、若法國安分之人、須請照顧、如有冒稱法人滋事者、請復辦、大約南掌境內、莫能辨識歐洲之何國、臨行時、王仍曉曉訴總辦云、緬人仗西國勢、欺侮平民、蓋莫辨英法也、總辦推托、不問而已、西煞格土民中柬埔人甚多、通行柬埔言語、今雖屬暹、實爲舊時格美爾之大國、從西煞格前行、過極大之荒原、間有小樹、俱不發長、窪澧中多止水、水旁多村庄、四圍花果之樹望之如靑翠之島、又行七八十里、復見樹林、地勢不一、其路低于沙地、而經過大樹之下、車不震動、牛行甚速、余頗安適、稍樹（土名）正花、香氣四溢、殊悅人意、籐本之花、有白而紫者曰噶削克、松樹散布于熱帶之草木中、林中豁然開朗、現出稻田、遙望有村、一自烏旁西煞格間、再溯土蒙河而西、經西煞格又南六十記勞邁當、而抵戈庚首城、此處盡是東埔言語、余等塵土滿身、方思沐浴、衆人環視、部酋亦忘其位尊、率衆來觀、余詢以通事阿來克曾否經此、部酋答云未來、惟聞東埔治叛民肅清、一路無虞阻碍、余過此間方下午一點鐘、

次早十八日、即往桑加、亦東國小部之首邑、據云桑加有二路、一向西達昂高爾、一向達暹都、余連過士蒙之賞瑯瑯布格支流、各有木橋、作工甚巧、爲南掌所僅見、足見爲商賈通衢、余想此間定多格美爾之裔、故作工較勝他處、傍晚過林中、果見磚塔、蓋此間皆格美爾之舊境也、桑加在戈庚西南

兼西約百里、桑加部酋來謁、勸余向南無通行之路、宜由蘇瑯西路而行、余想向南應無山嶺相阻、部酋係貴斯種、余贈以手巾及自來火、部酋甚喜、備齊車輛啟行、路漸向北、余訝問從人、答云、只有蘇瑯部酋可引往、昂高爾、余恨桑加酋之推諉他人以脫干係、然蘇瑯有格美爾舊蹟、亦可順道游觀、傍晚過士剛宕大河之木橋、河通士蒙蘇瑯亦柬國一部之首邑、一千七百年間、屬于暹羅、鎭市甚大、因爲告臘曼谷之通衢、故商務尚爲興盛、其西北一日之程多格美爾舊蹟、若往游探、須往返兩日、部酋公出、代理者見余等到此、遂手足無措、諉云須待部酋回署、余等屢次威脅、始許代雇車輛、囑云、但能送到前站、余欲令送至羌庚因恐前站換僱、必有稽遲、及至所過鎮市、守候車輛、果多費事、

正月二十二日、所行之路高低不一、樹木漸密、黃昏時抵蘇克郎鎮、鎮主亦云向南多山路甚剗削、車輛難行、余疑未必確實、不過擔延時日、令次早不能即行而已、余冷笑云、只須二三人已足、深知此輩懶惰性緩、不得不恐嚇之、及次早已備車三乘、余遂啟行、林中地勢漸高、所過流水甚多、其發源處想亦不遠、至末一道流水車夫欲停、時光尚早、余許以行

至午刻、可以暫息車夫云、前行無水、余惟促之速行而已、車夫紛紛逃去、余等五人遂驅車南行、未幾見深林中忽然開朗、俯見一片平原、已行至山旁之脅、平原低于所行處二百邁當、與大河面同高、奔山鳥旁之高低懸殊、即因此處高低之故、平原盡處、直削如壁、四周多羊腸仄徑、絕無車轍之迹、至所謂難行之處、也須用多人拆卸行李、喞運于坡下、若退回雇夫、又恐虛擲光陰、余遂身先撤運、羣來相助、俯見半坡有大磐石、其大八九方邁當、先牽牛引至此石、再搬行李車輛、時已午刻、日光炎熱、無樹陰可庇、遍處是不毛之石、足底幾如火炙無勺水可飲、喉乾聲瘖、人皆倦而思臥、余雖尚促前行、亦計無所出、平原右便多隘口、隘口之底、望有數樹、余意有樹處或可得水、果見小溪數道、惜已乾涸、又俯見靑草一簇、下有塢中淸水、遂蹣跚而下、羣來歡飲、行至晚六點鐘抵高原下脚、樹林之口、始得息肩、幸一安南人可以馭牛、遂焚左邊一樹、以避野獸而可以野宿、黃昏時聞虎吼、牛遂驚奔依人、晚餐後、安心歇宿、黎明聞人聲喧鬧、卽鎭主率昨逃之車夫來乞恕罪、遂仍與同行、黎明過沙漠之地、又前行、見有車輛行人、二十五日、抵羌庚、不遠又至大平原、似爲乾涸之大湖、裂紋中尚有積水、四邊多樹、寬數十里、雨時不能行走、過此卽抵高昂爾、羌庚亦東國之一部、今屬暹國、部酋公出、其代理者接待甚優、探得自羌庚至大河一帶多礦脈、行過羌庚、見格美爾新造之橋、土人名曰斯本團橋、跨于通大湖之斯登呑河、河面甚寬、而爲洲渚分作三道、橋亦三段、中段長百四十八邁當、寬十五邁當、高于水面十邁當、三十四拱、橋脚以紅礪石爲之、其分級處、飾以猴形、兩端有九頭蛇、橋脚之外、俱以平好阿石爲之、聞△河下游又一橋、亦同此、此去多格美

爾舊蹟，蓋已暫近昂高爾矣，

二十七日，過一古廟，距斯登伯耶不遠，斯登伯耶灌入大河，廟亦紅礪石所造，廟向東，形如十字，外有高墻，東南隅有塔，廟前有大塢，土名士拉周，有紅礪石駁岸，羌庚前去，村市漸密，熟田甚少，大湖西北面之塢，皆熟田，居民稠叠，房屋新潔，人皆疑此一帶柬地，爲暹羅人所居，以余觀之，仍守柬國舊時風俗，因此數部在內地，未受外邦人擾亂，是以安堵如故也，余細考格美爾風俗，其殯葬之禮，正同于而繆沙所譯之中國記載，特總辦在烏旁北境阿末那，見殯葬之俗，亦同此地、野多草棚、而無瓦屋、其四壁以席圍之、流水百道。分赴大湖以灌田疇。當時大國之主、都于昂高爾。誠爲有識。今大湖雖柬暹兩國分轄、而欲復興貿易、亦非難事、向來大湖邊土產、不由水道至帥岡、而取紆遠陸道以抵曼谷、其不由水道達安南者、因兩國部酋之各懷猜忌、欲重稅以肥己也、倘大湖西北塢內居民能歸法人一國管轄。使暹國所佔之巴搭綳昂高爾兩部。割還柬國。則我法人得以專主。而安南蕃部。爲最富饒之地矣。

二十九日晚、四點鐘出巴庚山西邊剪伐之材、卽進新署潑砲台處之平原、正在收穫之際、田中黃雲遍覆、氣象娛目、水牛黃牛、乳哺成羣、象則以鼻捲稻、詡詡然獸中之雄、牛車縱橫如組、鄉間稻囷、纍纍如一幅田家樂圖、四圍花菓蒙茸、時見草棚、掩映其間、唯熱帶中有此景象、又有卜拉許斯樹、陰覆如蓋庇護、波羅密樹及竹木數種、青翠交加、椰子樹高與枸樹相齊、梹榔樹互相穿插、巴宜映樹、挺直干霄、行盡處望見砲台墻堵、懸有梟示首級、頗掃游覽之興、時而夕陽在山、照射林間、紫綠萬狀、未幾而砲台中更皷鏦鏦矣、阿來克己行一月、尚未抵新略潑、昂高爾部酋訝余再至、匆遽迎接、詢以東國及安南屬部情形、大異于戈庚所聞、布岡卜日漸猖獗、佔地甚多、東埔帥波爾薩兩省亦陷、東王曾被圍于奔山、賴法人以兵解救、湖之兩口東埔瑯、東埔恰那、亦爲所據、余擬前往奔山、部酋驚呼相阻、然余意已決、必欲前行、遂留一函云、倘遇不測、與汝無干、並托部酋函告特總辦、遂擬坐部酋官船以渡大河、若令東人僱舟、殊非易事、蓋闔部已心傾布岡卜矣、不如僱漁舟之安南人、此安南人素不喜東人、又見我法人有兵器可恃、遂樂于從事、遂到東埔伯羅村、登新畧潑之官船、此村距小河不遠、小河至昂高河之東通入大

湖、此夜行舟、極意隄防、手中持斧、以防卡闔相阻、

二月初二日、駛入大河、沿東岸而行、近晚時過剛邦江之前、爲昂高爾柬埔帥兩部分界、已抵叛人之境、

次日令安南人到林中漸息、忽報云有兵船一號來、以遠鏡望之、船前立孔雀毛、船尾插紅旂、船首置砲及長槍火槍、人人同行者備齊軍火、藏伏舟中、使彼見我、以爲比老格漁舟、舟子遙問之、答曰、係柬埔刀官船、官已由陸路前行、此船係載官之行李、余心始安、

初四初五日、過大河之康邦耶支流、無所阻滯、

初五、下午過柬埔發腊之僞卡、卡中鳴鑼喚問何船、舟子答曰、法國兵官迷路到此、卡中忽寂然、左右岸暗備火繩槍、而余船已行遠矣、五點鐘、遥見柬埔耶法國之旂、知是二十八號砲船所泊處、及詢船主、方知卜氏愛已在奔山、夜十一點鐘始到、數月覊身異地、一旦與同鄉聚首、何樂如之、卜氏愛屢催憑照之船、迄尚未到、余甚盼望、蓋一過耶潑拉彭、忽須用中國憑照也、且測氣候之表、亦爲需用甚急、卜氏愛欲以砲船送余至帥岡、余恐招摇、且總辦與余約定時日、未便再向南行、于初七日封發致駐安總督之信、遂與卜氏愛同謁

柬王王有函囑致總辦，初八日，余啟行往昂高爾卜氏愛臨別依依，且囑云，途遇砲船，可乘坐以進大湖，然余一路無甚阻礙，

十三日已囘至新畧潑，阿來克尚未到，昂高爾部酋于二日前到暹都，以送副王之殯，其弟代理部事，余囑王弟，若阿來克到此，即令速至奔山，余在奔山不能久待，將速與總辦相聚，余遂取他道向北以抵烏旁，衆皆勸阻勿行荒野，恐乏僱車之處，余念行李甚輕，無車可以徒行，遂擬過昂高爾瓦脫廟

譯言

又可順道瞻仰其工作，過昂高爾河而向戈鄉山，歷盡

幾處山巒而至曠野、見有蒿草及數處樹木、磚塔之基已淹入土中、其鏤刻甚精、近處有大湖、亦四圍石岸、此塔之式與前見之格美爾牌樓稍異、又前行高原地漸起浪紋、流水皆向東流、行近密林之外、柬人名此林曰潑來沙、譯即弘麗之意、林中久無人行、令安南人斫去樹枝、以闢前路、幸僅帶一車、時遭絓阻、正在趲行、日已薄暮、野象成羣、來往窺伺、其所觸處、樹木拔倒、適阻余前路、余欲以槍擊之、同行者勸曰、若開槍、羣象必來相撲、余遂止、時已半夜矣、

十八日、出潑來沙、係過昂高爾部而進桑加部、連走五十記

勞邁當未遇一人至此方見草棚如晨星
十九日余棄車輛但帶運夫數名以渡斯登吞河之源宿于
烏旁高原邊之林中地勢剷削與蘇耶相同幸撤手徒行不
甚艱苦計距戈庚尚有兩日之程余不須太向東行只從首
邑漸就原路而行及抵戈庚有人告余云阿來克于前數日
過此已往昂高爾去矣余念此人懶惰曾在奔山娶妻今又
娶南掌女人久住排沙格致悞余事其忘恩無信殊爲可恨
二十一日余回烏旁同行者早已前行矣

烏旁即上文章程所稱烏棒河本南掌一小部落其時已爲暹羅所幷

信宿烏旁考察鹽地由陸路至格馬蘭

余等游探至烏旁、正烏旁王行踐位之禮、拜賀喧闐、總辦遇文湘王裔、即烏旁王之叔、曾在康當年時晤敘一次、總辦又探烏旁左近產鹽之地、約寬六十記勞邁當、每年晴燥之時、刮取鹽沙、此等鹽地數鎮皆有、多雨之半年、仍可種稻、刮鹽種稻、兩不方碍、蓋初雨數日、淋淡鹽性、漸可墾種、及晴燥時、日光逼出鹽味上浮、便可掃取、以水淋滷、煎熬成鹽、其取鹽之期、每年有兩三月、每人每日可成鹽十五斤、鹽價不一、自三法蘭半至五法蘭、烏旁因此加鹽產、新近興盛、今有八萬居人、正月十三日、烏旁王踐位、闔部官紳咸來稱賀、王進新築之宮、騎大象一疋、樂人前導、臣僚妃嬪扈從、身穿綠羢褂、後有銀絲涼傘、別有二十二象、殿後象後有馬步各一軍、或執旂幟、或持長槍、王未到時、衆僧齊集殿內、王進旁舍略息、行至前院、僧人相隨行禱告之禮、脫所穿之衣、以白布披身、僂行于木龍之下、木龍中有水流出、以浴王身、遂放去二鴿、王復穿衣就宴、令法國探路員陪之、晚間烟火喧闐、兼有鬥力之戲、歌唱吹彈、終夜有聲、廟中見有木鏤之轒輼車、係爲交戰時藏躲兵丁之用、旁以堅木爲壁、後有門戶四周鏤刻禽鳥花卉、嵌以玻璃、正月十五日特拉巴爾脫復循士蒙河、以考巴格蒙格馬蘭間之江、餘人俱于正月二十日由陸路抵格馬蘭、備象六疋牛車十五乘、南掌隨人五十名、烏旁北境平坦、多稻田及剪伐之林、縱橫皆轍迹通衢、地多砂磧、遂結隊緩進、四日後、抵蒙阿姆那烏旁西北兼北五十記勞邁當前無通軌之路、須添象九疋、換雇運夫、遣去原運夫、賞以銅絲、極爲感謝、烏旁王派來差員、頗覺不喜、蓋例須付于差員轉賞也、信宿二日、阿姆那左近、多產銕之礦、如安南之平好阿石、昔曾開挖、因利薄中止、居民育蚕及吐漆之虫、總辦

告腊即章程所稱告拉脫

在此遇見商隊、有運物牛五十九疋、係華商從告腊販來銅器、以易此地野獸皮及孔雀毛等貨、

二十七日、又行東北兼東、以抵江邊、路多居民熟地、前途漸就荒僻、平坦多砂、時有紅色成片之平好阿石、又前行多紅礪石、石塥甚厚、自阿姆那來多噶來亞樹不甚稠密、畧有土蒙之止水支河河底、露有礪石、行三日、地勢漸起浪紋、居民稻田、亦漸多、知已近東江、三十日抵格馬蘭知特拉巴爾脫已到四日、與署部酋來迎、款待甚周、次日署部酋賫總辦所發法領事咨文、親往暹都、執政傳集南掌各酋入都、以送副

王之殯、故余等每遇部酋公出也、格馬蘭在東江右岸、對左岸士巴芬支河口、酋署廟宇沙欄、俱較他處壯觀、部酋新死、無人修葺、已多坍損、沿江多杷樹芒果樹、及各種花果、以庇蔭市廛、初到時、土人不敢以糧食來售、及婉言開導貿易如常、格馬蘭爲南掌中至小之部、城址已舊、卽克綫當舊名格馬蘭答者是也、大約爲始居是地之民種、亦卽胡士刀夫游歷時之煞發那地、自巴格蒙至格馬蘭之江、似山中已涸之大澗、遍處紅礪石、石間窄水、曲折注流、最窄處六十邁當、深一百邁當、流不甚急、每遇窄處、卽成急湍、土名曰庚、行舟之阻處也、其漲落高低約十五邁當、方特拉巴爾脫行過、已將退及足矣、特拉巴爾脫、此處于十二日抵巴格蒙、次早復溯東江、行一米督半、當水漲時寬二百邁當、兩岸石山聳削如壁、水已退低十四邁當、每點鐘流半米督、中流測一百邁當、尙未及底、又上溯江勢、向北折西五十六度、又折向北、水漲時寬五百邁當、正月間只存近左岸淺水可以通舟、其寬僅一百邁當、近右岸處纍纍皆紅礪石、江勢向東北兼東、漸淺漸窄、及過引鎭又寬闊、兩岸多小山高二百五十至三百邁當、山髻矗立如壁、自頂至江皆山靑翠樹林、引鎭以上中流有大磐石、分爲兩汊、各寬六十至八十邁當、每點鐘流三四米魯、兩汊復合處寬二百邁當、兩旁以礁石爲岸、其流水又近左岸而窄、急流于礁石間、難于探測、打瑯鎮以上、江勢向北折東、兩岸皆山、磐石佔江面四分之三、中溜窄流甚急、左岸有小島前行不遠、卽第一急流、本寬三百五十至四百邁當、至此忽然收束、僅五十五邁當、奔注于兩石岸間、其中流每點鐘六米魯、兩岸以繩曳過總辦之船過此、又向北寬至八百邁當、中流寬一二百邁當、每點鐘流四五米魯、又上十米魯、卽第二急流、寬七百邁當、有磐石及小島、分江水爲三洑旋又合爲一溜、寬八十邁當、其合處成爲無數旋渦圓浪、船過此處、來往俱以繩曳、惟而拉獨船可中溜駛行、左岸有甫瑯石山、以上江面漸仄、流于兩壁之間、又前行兩岸石筍林立、中溜及于左岸、將近右岸泰興鎮、水流極急、右岸有二山、一曰泰興山、一曰瑯打山、其峯巔易于識別、山頂以上甚峭立、漸漸斜至江岸向北成行、其左岸有韭囊米山屹立、自烏旁至康當年路經泰興、及至泰興須渡至左岸、路出韭囊米之北、過多昌小山之後、多昌自泰興望之在東北、既過此山、江勢向北少東、又折北而東、中溜寬一二百邁當、泰興以上第一急流、每點鐘流五米魯、又上溯至庚興邦第二急流、亦須以繩曳舟、過此又折而北、中溜甚深、寬一百五十至二百邁當、近右岸有大磐石、左岸有紅礪石林立、又上溯而至庚高急流、一名庚襄、中溜甚窄、既過此江、南面極寬、旋復漸收、僅寬三四百邁當、流于峭壁間、水勢甚緩、而深、左岸之山遠而復近、抵耶般鎮、江面寬八百或一千邁當、大勢向北而西、又至庚甘急流、中溜、近于左岸、過此即最難通舟處、曰庚耶般、兩旁多大石礁、收束江面、水濺石礁、俱成白沫、近左岸多旋渦、圓浪、牽動全江之水、深五邁當、水激船中、舟子畏懼、苟近左岸、立時觸損、其中溜寬六十邁當、又上二米魯有庚噶格急流、近於左岸、水流極急、舟行甚艱、其深溜在右岸之石礁間、東去六十邁當、有磐石獨立、尚寬八九百邁當、左岸有沙灘、兩旁多小山、江勢成三灣、向西溜行、江面極窄、過于兩壁間、壁高二十邁當、水勢深緩、其第三灣稍寬、向南偏西有噶虎毛島、近于右岸、水漲時、連島共寬八百邁當、正月間、中溜僅寬一百五十邁當、其上有庚生杭急流、近右岸旋渦處、深十邁當、自生杭鎮上流至噶格鎮、復測得中溜統深六邁當、兩岸皆紅礪石小山、勢甚聳削、右岸曰噶得山、左岸曰滕山、近處無高大之山、自生杭而北、皆爲平原、江勢向北而西北、寬九百邁當、中溜甚窄、忽近右岸、忽近左岸、多大礁石、水流甚急、馬靴阿左近、寬一千邁當有奇、正月間、中溜僅寬五十七邁當、有庚桑剛島、分爲兩處、西汊寬四十五邁當、東汊寬六十邁當、每點鐘流五六米魯、旋渦甚多、急流間之、磐石、有漁人簇聚、以捕溯流之魚、又前過庚生高急流、流行極速、又前爲庚薩包、又前有唐牛小島、江勢折北而抵囊瓜急流窄處、每點鐘流六米魯、船過右岸囊襄河口、其分流處寬六百邁當、又歷噶那賽急流、剛奴阿急流、駛行極速、中溜極窄中有沙灘沙尾旋渦甚大、右岸有數礁石激成剛瑯急流、中流甚窄、而多旋渦、又前行、江勢東折而北、有噶拉噶格急之流、此因東來之士彭奴河、冲激益急、此河在旱時幾涸、寬一百邁當、水漲時更寬、又上溯爲唐瓦小島、島北爲庚噶甯急流、寬四十八邁當、既過隘口、卽寬五百邁當、有兩岸分流注入、水勢益急而水面增高、兩水冲激、飛浪噴濺、白沫中無數旋渦、庚噶年急流處、所成旋渦、大于他處、沿岸之水、每點鐘流五米督、比老格船長而甚輕、到急流處幾如淹入水中、舟子上磐石縴之而過、又有庚對美巴急流、每點鐘流六米魯、寬七百邁、當近右岸處水勢更急、應沿左岸而行、舟子循磐石緯之、由那芳鎮至格馬蘭江、勢向西而北、西即庚那幾甘庚剛幾來、兩急流、水甚急、船循右岸、中溜則近左岸、總之雖有危險。無竟不通舟之處。水退時。小汽船亦可行。土人之竹木船。則四季常通。一路至此、不見安南管轄之迹、惟西弓河之谷、尚有柬埔治管轄之迹、安南雖近未能經營及此、只有格馬蘭相對之左岸、曾貢獻于安南者數年、余等欲細考安南所轄之界以究其興廢、故特總辦遂溯士巴芬支河、于二月初三日乘象啓行、携通事帥根及呂宋兵一名渡江、後又溯士巴芬河路漸荒野、有密林、土名墨西格、艙匠所用之油、取于此樹、其木可以造屋、隨處有潴水、至拉哈那姆處、河寬三百邁當、深一二邁當、兩岸甚高、河底皆紅礪石、拉哈那鎭甚大、居民皆南掌來之布代種、較此時之南掌人、先到此地、次日總辦兩次過士巴芬而到芒桑剛、爲河右岸士桑方支流上游一部之首邑、見有瑣完種、爲半生半熟之番、似由東埔治南土徙來、總辦經過時、芒桑剛人因南掌酋苛虐、紛紛逃徙、總辦又向東北過產鹽之鹵地、亦如烏囊左近之平原、士巴芬之右岸、距桑剛不遠處、多低陷之地、土名通囊盲、雨季成爲大湖、總辦于是日傍晚抵烏旁之分部首邑曰芒方四圍皆噶斯團項之村、芒方居民有瑣完布代兩種噶斯團項、與西弓河谷之番相似、近年只留頂髮一綹、如暹人之髻、瑣完昔留髮似安南、今亦學暹羅裝矣、此三種居雖近而不相混雜、時或從南掌之化、時或仍野番之俗、總辦自芒方向東北、過士桑方之士少爍支河、水漲時河寬一百邁當、二月間止而不流、僅寬四分之一、深六十桑的邁當、其景象似格馬蘭及烏旁之間、士桑方士巴芬兩河之谷、有密林、地如浪紋、砂積甚多、下有紅礪石、低處又多沙堆、初六日總辦宿于芒桑剛之彭那喬鎮、初七日、至彭薩弓、爲烏旁所轄芒郎奴之首邑、所過之地、人烟稠密、薩弓居人、係近季從士蒙岸西薩甘徙來之瑣完種、此鎮跨士桑方之兩岸、寬一百邁當、淺可徒涉、中流深半邁當、兩岸高十邁當、總辦自薩弓啟行、二部酋欲至曼谷、遂與同行、初八日、宿于庚高格、係士桑方右岸之鎮、爲是部舊時首邑、初九日、行過烟戶密稠處、皆事代種也、晚宿于密林之小山麓、地名拉哈告格、初十日、回至格馬蘭、向部酋索船、以湖大江就士巴芬塢內觀之、知安南所轄屬地、自北緯度十六至十七度止、此間居民年輸賦稅于安都許愛昔自許愛至柬江之岸爲來往衢途一千八百三十一年暹人無端攻據旋爲安南人逐去退至彭莫格之對岸未幾暹人復至蹂躪合境將民徙至右岸安南人見居民盡去不與交戰其後暹人將巴拉那庚更交烏旁格馬蘭等處之民移居于此教主打倍爾繪安南輿圖有士巴芬河之谷至大山岡間有首邑數處暹人雖能蕃服江邊而不能盡有士巴芬河以上之地故每鎮必有南掌安南各一酋治之余料林伊國一名瑯哈潑即今之戫巴自與東京人水戰之後安南政令方行于此段湄江之谷又或士巴分塢昔爲

戲巴國之部、所稱瑣完者、即此部居民之裔、瑣完不從別教、

而但敬祖先、

從格馬蘭至呼登

二月十三日、晨起、從格馬蘭乘六舟起程、一路難駛處、迤運溯至上流、江中多乾涸處、見有紅礪石、磐旁有水流、千道急湍、不能通舟、其應駛何道、係每月不同、常行于淺水之道、因其旋渦較少也、

十四日、行過涇及士淳脫兩島間之汊河、而泊於隘口、是爲庚巴急流、卸空人貨、曳船而過、水退足時、深處僅寬二邁、當終日行于士淳脫島與右岸之間、舟人時時下水推船、頗費艱難、傍晚、宿于打沙古鎮專設之沙欄、自烏旁至芭郎奴、須

渡東江沿右岸之庚更交部、部酋之衙署在左岸、距涇島下游不遠、過打沙古後、江中便于行舟、其水灌于極大之平原、物產茂盛、江寬二千邁當、水緩而深、

十五日、進彭莫格部、次日、抵其首邑、其過當包鎮時、見有一廟、廟門嵌以磁器、部酋已往曼谷、囑其屬員善待探路之人、彭莫格在右岸小山之北、此處江勢折向東、有屋三排、與江平行、有廟五六所、彭莫格亦近年始興、其居民大半自文湘衰後、徙居于此、遂信宿二日、又前行、江勢直北六十米魯、水淺而緩、間有沙灘及小島、

明神宗萬歷廿八年間

二十一日、抵右岸牛囊鎭、人戶甚密、距彭莫格三十迷魯、與士彭斐河口相對處、有聖廟一所、下南掌合境所著名、自江岸至廟皆棕樹之林、牛囊之佛樓、南掌人稱之爲打疑郎堪字、係尖頂之方磚柱、每面十邁當、其箭頭高四十五邁當、鍍以金色、尖頂有傘形五、各懸銅鈴、名之爲眈、雕鑿甚工、其下層較古、似緬甸工作、攷之前史、造于佛住世之時、然以形狀考之、不過一千六百年間之物、嘗考其時、柬埔王女招文湘王爲夫、此塔大約卽王女所建、其後又屢經修葺、塔外有圍墻三道、墻間小尖柱甚多、塔之近處、有新建大廟、誦經者甚衆僧舍亦多係近年暹國之式、廟壁皆繪人物、形狀不一、門兩邊有歐洲女人像、是一千六百年間之服式、此像爲荷蘭公使胡斯叨夫捨于古廟、而後人又移入此廟、昔佛教入尼爾俳那、計越八年七月、馬哈發噶梢、及五百羅漢、以沙馬淖告唐之衣鉢、置于無花果樹下、比噶拉等處五國王、率國人建此塔廟、臣僚兵民、相助穴地、匈朒尼王于廟西瘞五千五百五十銀條、每條重六十四氐噶爾、又五百五十金條、每條重四十八氐噶爾、盎荅巴王于廟南瘞九百九十九萬銀斐、又以三萬三千金斐製爲金船、庚宕王于廟中置冕冠銀盂銀壺金盒等、發噶蘇王令各屬邦以香水注十塔中、厥後每王加高此廟、又于廟之四周焚香木三晝夜、以使磚土堅凝、而後以沙馬淖之衣缽瘞之、五王遣人至沙馬淖涅槃之古希那拉、取磚以爲廟之北基、至市拉淖雖取石以爲南基、郎噶取石以爲西南基、打噶西拉取石以爲西北基、其後恒以五百人守之、據傳盎峇巴卽柬埔治之始祖、匈胣尼布馬打卽安南始祖、然不可考矣、士彭斐河在牛囊對岸、據稱發源于奴馬庚、貫過桑孟山之石樑下、在柬埔治及安南大岡之間、二月二十四日、自牛囊起程而往左岸賴岡、爲一部之首邑、本屬南掌、而今屬暹羅、部酋之署昔在今署之上流右岸、尚有舊迹可尋、賴剛對面皆石灰山、岡峯巒如鋸、矗立干霄、麓下地平、舒斐到來爾往探此山、山中有洞、石壁外環、壁高百邁當有奇、壁間平處石條矗削、遙望如古屋毀址、賴剛前面沙灘甚大、江寬八百三十六邁當、水涸時只寬四百八十邁當、近左岸最深、計十邁當、勻針水深約六十八生地邁當、每秒流六十六生地邁當、賴剛見一安南屬部名安盎、居民皆從東京避亂來此、其來路程務須考明、以知安南海濱與東埔寨往來貿易之路、有何阻碍、賴剛距安南之廣平海濱計三百五十里、沿海濱多泊船處、因湄江下流難通、船隻須用駁船、以連絡帥剛與安南海濱各埠、賴剛對面柬江左岸山產灰石甚奇、關係藝工非淺、鄰埠建廟築墳所用石灰、俱至賴江購辦中國印度人所食之西格、以細灰攙合者、亦至此處購之、兩岸多灰窰製石灰甚勤、挖灰之法雖未精、而灰性極佳、每担值一法蘭半、

三月初五日、自賴剛起程、賴剛之邑、昔胡斯叨夫游歷時甚爲興旺、迨屬暹國、轄邑始稍衰、自過彭摩格鎮、水勢俱向北

流、至賴剛轉西、因東京灣山岡之勢也、江水緩流、賴江上游江漸狹、計四百邁當、兩岸石礁森立、水退時港底露有西斯脫石、

三月初六日、息于呼頓、爲囊與朋河口對岸之首邑、風景甚佳、谷中聞有鉛礦、有人挖取、

總辦與舒斐同乘舟溯與朋河、二日、至初八日、登左岸、近囊哈登支河處不能通舟、徒步谷中、

初九日、察囊豪鎮相近之山洞、長四百邁當、高三四十邁當、洞周圍皆黑紋之白石、此爲鉛地、挖鉛之人建草棚四五處、

似費工多而得鉛少、每人每期、只挖鉛八斤至十斤、以貨納稅、就地鉛價、每記勞葛稜之鉛、值英洋四角、不許外邦人挖取、其挖鉛時、不知避瘴、俱染疝病、面目枯黄、因此腹痛而死者甚多、每逢病發、輒概停七八日不入洞、挖取時不許穿紅色白色之衣、訛傳此二色爲山神所忌、見之降禍、人皆祈禱山神、以爲禳解、此一帶蓋與東京絕不往來、興朋之谷、本爲東京之景、因山岡隔絕、遂不通行、賴剛地勢改變、直通至此間山洞之白石、與著名之覌拉爾山洞相同、又考得山中有銅礦、

十二日、特總辦探畢回寓、
余已于二月二十六日至烏棒、決意欲由彭摩格抵江邊、且恐車象遲延、欲步行前往、惟須換雇運夫而已、
二十七日、余遂啓行、不由路左之阿毋那鎮、而經同事等往格馬蘭所過之路、汉進高低稀僻之地、
三月初一日抵一鎮、民皆刈穫、雖雇運夫、僅得青年女十餘人、其歡笑喧闐、山谷爲之響應、
次日進彭摩格部、換僱運夫、地勢如浪紋、間成小埠、流水清漣、林木青翠、爲沿途所罕見、所過小岡界于士蒙及士彭西

塢之間、河面甚寬、在彭摩格下流而入東江、正在彭摩格洲之對岸、據土人云、土彭西發源于西境相近之山洞、久行荒野之地、風景頗勝、至晚歇宿、次日換雇運夫、深林中但聞斫木之聲、係林中新造一鎮、忽起哀聲入耳、林間奔出一虎、口啣一兒、距余丈餘之地、余急發手槍、令同行者追逐、未幾虎已受傷、捨兒奔去、兒方四五歲、尚存奄然一息、遍視無傷、旋見兒母奔來攜去、蓋虎啣兒時、其父在樹斫枝、及余手槍一響、闔鎮羣來驚視、見余技精服異、訝爲神物、數分時羣以雞鴨果品贈余、兒母跪求收受、兒父欲建屋邀余、余辭之、

次日黎明又行、

三月初四日抵彭摩格、知同事等已于十二日前起程矣、土酋特函囑余轉呈總辦、卽余告昂高爾致總辦之函也、

二月未見大江、今又于三月初五日乘小舟上溯矣、隨行之安南人不慣長征、足已赤腫、因七日步行、至晚方息、上有日炎、下有砂石、

至三月初六日方抵牛囊、

次日經那剛、

初十日、遙見法國旂飄揚於棕樹間、心甚疑之、計與總辦分

秩、已一月、殆此間可以追及、復圖聚首矣、

由呼登至文湘

余等所携中國路憑、許到內地游歷、三月來同事俱各安健聚集、恭聽總辦指示、惟雨期將至、苟能赶達至郎潑拉彭、則雖有陰雨、仍有應辦之事、三月十一日、遂自呼登起程、至右岸松庚河之薩捏步里鎮、僅行七八米魯、江流甚緩、兩岸低而多沙、稍有曲折、先西、次北、次西、時方一點鐘、須停息換舟、薩捏步里部酋已往暹都、王妃款待甚恭、民居在東江及商唐河之谷、地方清潔興旺、客寓已備、即發信至榜比裒、令先期預備夫船、

信宿二日、舒裴往看陶器之作、
十六日起程、土人云、此路有八九日之程、行舟甚難、行數點時、民居花果漸少、而兩岸有叢林、傍晚經噶失島、未至島時多沙灘、難定過舟之路、
次日江岸高低更甚、前見孤山、峰頂三層、右岸亦見小阜、
十八日晚宿于孤山下、右岸有數村、山麓稻田、高下鱗次、仍爲呼登部所轄、南掌收贓之例、稅丁而不稅地、如欲往遠處耕種腴田、其丁稅仍留于本部、故此處之人、仍歸遠部管轄、孤山分脈、與江平行、江自薩揑步里向北折西北、余等知此

山即安南大岡之分脈、不幾時將近安南之境矣、
次早自囊格屯河口起程、其谷迤北折西、風景頗佳、江勢忽折而西、兩岸更高、野曠林密、多野獸、象與水牛更多、見一鹿爲虎所斃、拋棄道旁、余等藉以供兩日之餐、江面略狹、底多紅礪石、雖有急流、而終歲通舟、有士道急流、僅深四邁、當距榜比哀薩捏步里兩部間之灰彭巴不遠、士道急流、兩邊石礁、一線平行、向南兼東十分、偏西三十至四十度、叉有石岸甫杭石山接連、余等背山而行、三月二十日抵囊爽河口、可以通舟、此河自甫杭山發源、其右岸有步庚大鎮、晚四點鐘

上岸、屋脚下沙灘甚廣、地多花圃、是日爲月望、民皆嬉游無事、廟中花卉果品齊獻、充斥街道擁擠、其貨物藝工、較精于南掌、南境、其貿易之興盛。因可由高腊脫以達曼谷。土産中之肉桂、至此始見、余等于是晚測望月蝕、惜有朦氣、不能詳測、

次日、西溯、過一青翠之島、水淺多沙、左岸近山多礁、將江流收束、尚可穩渡、水漲時、兩岸多磐石、行舟頗險、

二十一日、過亨杭急流、水漲時亦多旋渦、磐石上有塔、舟子常以時花供獻、磐石前深二十五邁當、中流測至三十邁當、

尚未及底、江面共寬二百五十邁、當其漲落高下、約十三邁當又十之八、

次日過庚阿杭急流、此急流因石岸有磐石而成、中溜寬二十五邁、當直至亨杭柬江向北、過亨杭則江復抑向南、左岸山岡之峯、漸低而沒、江水漸急、氣候和平、風景甚異、此間柬江、漸近士蒙河之景、江岸荒僻、時見漁舟往來、可見商賈不由水道、平原多繞曲陸路、極爲衝要、

二十二日、舟子告余曰、左岸廟中有佛足印痕、余知南掌境內甚多、最著者在比格打荅峰高拉脫曼谷之間、有沙那把

巴蕉山、土名勿拉巴脫山、卽聖脚之意、兩岸漸見居民花圃、蓋漸近首邑矣、晚抵囊弓與士根河口之鎮相對、士根爲左岸呼登以上最大之支河、舟可接走六日、一路林木極多、前數日所見之肉桂、正由此處採得、又產安息香、每記勞葛稜、計四法蘭半、

二十四日、抵榜比衰、方修葺余等應用之船、土酋之急公、殊屬可嘉、榜比衰沿郎河之兩岸、郎河在江左岸、發源于囊甘鄰省之發方山、廟宇甚多、屋舍軒昂、民勤紡織、疑卽古時之晦隆、爲產絲著名之地、中國暹羅東京柬埔治等處之絲、以

此爲最，自隸于暹屬，而絲業漸淡，一千七百年間絲市極盛，柔細光滑，至今艷稱之，計距囊甘一日半之程，囊甘即胡斯叨夫考訂舊迹之處，余等欲考訂者，非學其工藝，欲訂正史記之事也。傍晚寒暑表三十三度，在途六月，東北風甚爲涼爽，至此風已甚微，兼有雷電，蓋雨期將至，水漲舟艱矣，遂資遣來舟，登岸步行，不遠見有文湘王宮遺址，

二十六日，傍晚，抵榜比哀囊甘之界，

次日考訂江流狹處，淘金之礦亦產水銀，淘金者甚衆，而未必獲利，過此江勢向西折南，又復寬闊，遙見尖頂石柱矗立

水中、在江右之灣處、其基座欹側、已越十年、兩岸多沙礁、可藉以爲行船標準、自文湘衰後、暹人與囊甘互市、以收其利權、此爲奔山至郎潑拉彭江岸最富庶之地、其屋宇與江岸平行、城中居民五六千、近處土產甚多、如棉花烟葉靛青、本地用之有餘、近處有淘泥取水灰取木料之地、以地勢論之、囊甘爲自呼登以來土產之薈萃處、西南四日程之芒洱所產鉛金銕、及江右岸鹵地之鹽、俱集販于此、郎潑拉彭及安南界之間、江北土產如腊、象牙、禽毛、皮貨、獸角、安息、豆蔻、亦集此地、布恩爲此間之首邑、商路亦通東京、據云布恩產硫

明崇禎十一年

乾隆五年及乾隆二十年

磧及鋏、大約教士苞乃利于一千六百三十八年、自東京至南掌、亦取道于布恩、教士來利何自南掌至東京、亦過布恩、據云、自文湘行水路十五日、陸路十日、始抵東京所轄之強、所過處大半爲沙磧荒原、有止水熱沸、林木亦多產豆蔻丁香、尋常飛禽之外、更有大鳥飛鳴驚人、虎亦甚多、中界大岡、名曰而呂麻、爲兩國分界、草木極密、山勢極高、攀躋極難、故彼國之來至此國者、輒呼爲自天而下、越山而東、即強部之關、一千七百四十年、一千七百五十五年、駐安南教士高佛老亦說此處高山度越極難、桑詳去六十里有斯苔拉氏克山洞、可進、小舟過此、即一片平原極腴、有深大之江水灌漑、魚族甚多、鄰境荒僻多沙漠、山中黑番名之曰鬼地、夜間地面有烟、奇聲駭人、居民良馴、安南王以爲護兵、親信逾于家人、與之失信、輒劃刃其腹、每五年、遣員納貢于安南、許愛、安王必以四舟迎貢使、其言語稍異于安南、其教只崇禍福兩神、一千七百八十六年、駐東京教士拉孛而當云、有教民數家、自安南遷至南掌之脫拉寧、爲一片膏腴平原、距界上高山一日之程、此山升降有兩日之程、脫拉寧王亦納貢于東京、柬國貿易之船直至此地、其北即老隆、余疑老隆即鄖潑拉彭、其南卽老湘、疑卽文湘、脫拉寧物產甚多、氣候宜人、冬不結冰、居民良善而不受人欺、今余等所歷布恩以來一帶、卽此地也、自南掌至安南所過之嶺、不知應循何路、來利阿所云水程十五日、在溯流耶、抑順流耶、大約係行柬江之自新蓬河、此河卽高佛老所云闊淺之水也、或云自新蓬卽杭旁河、自河口向南可通舟、八日之程、據特總辦所考、山下有河、舟行約一日之程、此間居民係鎖愛布代兩種相雜、或云文湘所轄也、七部有一部兼受東京管轄、大約卽此地也、據拉孛而當云、安南王管轄柬江右岸爲最古之時、一千八百

道光十三年

三十三年、暹人擄掠布恩人二萬五千、自此暹人常以東江之谷爲已產、今左岸礁石有烟火遺迹、後人須詳考其火山所在、今自阿刀卞至新蓬谷之白石及郎潑拉彭之灰石俱以烟火遺迹、囊甘貿易利權、掌于高腊脱來之華商、販來者爲銅器、剛刀、洋鏡、英國棉貨、中國絲貨、及一切雜用之物、此等華商、隨處多有、自爲村庄、支棚居宿、牛車甚多、然近來南掌各處商務、有英屬之緬甸不丕果之人侵奪利權、余等過時、挿秧已畢、農人皆焚紙帛、禱天求雨、囊甘部酋在署、款接甚殷、總辦與商要事、所帶兩國通事、賽更不服指使、遂交發部

酋、令轉送至曼谷法領事、柬埔郞所用之阿來緋通事、已可傳述言語、且余等旋費不敷、正須節省、

賽更于四月初一日起程、行數日後、必經游歷人麻好脫所行之路、以抵友克來之湄江邊、及余回法時、賽更亦將沿途所得告余、是日余等前赴文湘、爲南掌著名舊都、距今之部城三日程、江流曲折、有九日之程、自囊甘起、江勢向南以抵芒果格、爲二百年前自主之國、今尚存其名、據胡斯叨夫所記、此地爲百貨流通衝要之地、毛爾及暹商皆于此間貿易衣服、有一毛爾人賃車六十乘以易膠漆黃金安息香販回

本鄉、余等親見此地仍然富庶、雖屬暹羅而未卽衰敗、誠爲罕有之幸事、芒果格多造船木料、上下游兩岸屋宇蟬聯、江向西北、又行七米魯、與囊芒合流、河雖不大、而沙洲甚廣、余等宿于沙洲、總辦見廟中碑、字已模糊、其字形較柬國略方、亦可以考訂柬南兩國文字之舊、下午抵文湘山脚有特建二屋、係預備余等居住、江勢自囊芒河口向北流過沙洲忽折而西、又復寬闊一記勞邁當有餘、此爲進大山之末段、文湘被暹人兼幷僅四十年。而滿目草萊、十里間莫非瓦礫、城外有深池、與江岸平行、城中最寬處不及一記勞邁當、惟王宮舊址尚可辨識、王宮四邊短樹叢中多廟宇舊蹟、間有修葺者、仿佛如昂高爾舊蹟相同、凡南掌營造料小而不久、以木爲柱、周圍砌磚、而就此地觀之、却有堅固宏規、其柱雕花而鍍金、屋脊如龍形、刻鏤甚精、其基地雕刻獅蛇及神像、暹都緬都大廟之外、罕有此巨觀、是南掌工作、非得之于暹羅、即得之于緬甸、王宮有重墻圍繞、近宮處有瓦發交舊蹟、爲王宮之廟、即發交廟也、鏤刻亦極精工、史載克綫美之始祖曰內噶舜、于佛涅槃後五百年、思以莫尼肖石爲佛像、令潑里亞盎向亞格思索石、付以綠玉、名曰摩洛告、琢成發交佛

乾隆四十二年

象、經過五地、俱得興盛、卽郞噶拉麻拉克多拉瓦地、克綫美瑯桑供奉于有搭里卜、三百年、克綫美王多那夫搭與阿瓦戰、三年未息、將佛像送至瑯噶王、以與之盟好、此王爲錫蘭島第五十王、歷二百年、布庚王阿奴拉苔麻拉遣僧往抄佛經、並索佛像、船沉于柬國海邊、其後暹王非亞阿氏打拉與柬國戰、移此像于阿由氏阿、又有庚方主、克綫美主、先後得此像、其後由克綫美移至文湘、一千七百七十七年、發亞苔攻得文湘、將像移于曼谷、總以得此像爲勝、此碧玉琢成、高牛邁當、値百萬法蘭、今仍在暹羅王宮之廟中、發交廟向北林中有西煞格廟尚未坍毀、小佛甚多、佛龕遍飾泥金燭台之雕工精巧、屋宇極爲深邃、另有庚香廟、發彭廟、恰光廟、恰觀廟、各廟裝飾美麗、俱他處所罕見、恰光恰觀在城東之江岸、岸受水冲、年漸坍蝕、廟亦毀損、銅像間有入水者、出環門向東北而東、有樹兩行、行三記勞邁當、即到打羅杭譯即王塔也、爲文湘最古之蹟、居民供奉亦最虔、塔基方而頂圓、爲東國常有之式、有樹兩層、上層有二十八尖小柱、圍抱中間之尖柱、上下層兩梯相通、下層東邊有旂、高三四邁當、爲土人最虔敬之處、今囊甘部酋重修中央之柱、計費千餘能司、

明萬歷二十八年

明崇禎十四年

即十萬法蘭各廟僧人俱居此塔之左、近東門內有石匾、刋造塔之年月、即一千六百年也、塔基長百五十邁當、寬六十邁當、高四十邁當、一千六百四十一年、文湘王迎胡斯叨夫于此間平原、其款待之榮、迄今艷稱之、據胡斯叨夫記載、塔上用黃金鑲嵌、共重一千斤、土人經此廟前、莫不燃大燭供奉過之、其虔誠如此、余等因雨期將近、急于趕行、游覽此廟、未及兩日、四月初四日、又溯流而上矣、

附全五册目録